JN241726

国税庁新通達から学ぶ!!

Q&A

保険販売のための
税務トラブル
回避事例 増補版

税理士 追中 徳久 [著]

ぎょうせい

増補版はじめに

　令和3年7月1日から生命保険税務に関する所得税基本通達が一部改正されました。令和元年7月8日からの法人税基本通達の改正に続く大きな改正です。生命保険契約の権利評価については見直しが必要と思っていたので、改正されて本当によかったと思います。生命保険税務は、個別通達の知られざる世界から基本通達という開かれた世界へと、どんどん周知されてきていると思います。

　ただ、改正のたびにいつも思うのですが、どうしてこのように改正するのか、考え方をもう少し丁寧に説明してくれれば、私のような税理士も含め、関係者がよくわかるのに、と残念に思っています。生命保険税務はよくわからない、法令ではなく通達やその解説で実務が動いている、と言われる流れは今後も続いていくのかなと思います。

　今回の増補版は、令和3年の所得税基本通達の一部改正を中心に、令和元年の法人税基本通達改正後にお寄せいただいた多くのご質問を反映したものとしました。皆さんが通達を読んで、この場合はどうなるのだろうと疑問に思われた質問にお答えしています。もちろんですが、本書の内容は執筆時点での筆者個人の私見です。

　最後に、今回の改訂は一緒に仕事をしている多くの仲間と本書をご担当いただいている、出版事業部をはじめとした株式会社ぎょうせいのみなさんのご尽力のおかげです。心からお礼を申し上げたいと思います。

　本書をお手元に置いていただいて、少しでも多くの関係者の方にお役に立てば幸いです。

令和3年7月

税理士　追中　徳久

はじめに

　うーん、難しい！新しい定期保険等の通達を見たときの感想です。従来と同じような割り切りで、全部簡便な取扱いにしてくれればいいのに。でも、通達を読み込み、新商品を開発してくる保険会社のことを考えれば仕方ないのかな、とも。

　巻末の第5編に、ご参考として同通達の新旧対照表を付けました。ぜひ、一度、ご覧になってください。

　筆者は大学を卒業して、最初に入社したのが生命保険会社でした。深く考えて就職したわけではありません。単に、一番最初に内定をいただいた会社でした。不動産部門を振り出しに、いろいろな部門を経験しましたが、本当に居心地のいい会社でした。

　その後、実家の相続を手伝うことがあり、税理士の勉強を始めました。大学が法学部だったので、税法にはなじみがあったのですが、電卓をたたく簿記論には最後まで苦労しました。

　現在、昔のご縁で、年間3,500件の生命保険税務に関するご相談や、3,000件近い相続に関するご相談をいただいています。

　特に、生命保険税務は、税理士試験の試験科目でもなく、根拠になる法令・通達自体が少ないので、回答に困ることが多くあります。

　そんな中、皆さまのご相談のうち、よくある相談内容を一冊の本にまとめてみたい、と思うようになりました。ただ、教科書的に網羅するのではなく、日頃よくいただく相談内容をまとめたのが本書です。

　この本は、一緒に仕事をしている、箕浦圭子さん、田村幸江さん、岡嶋百合さん、髙木麻帆さん、大槻志保里さんにご助力をいただきました。また、岩崎敏先生、登美武先生、安藤智子先生には多岐にわたりご指導いただきました。この場を借りて、お礼を申し上げます。

　本書が、仕事で生命保険を取り扱う税理士、保険会社や代理店の方など読者の皆様にお役に立てば幸いです。

　なお、本書の内容は執筆時点での筆者個人の私見です。ご意見をいただけたら幸いです。

令和元年10月

税理士　追中　徳久

CONTENTS

こんな時
どうする? 第**2**編
**トラブル
回避事例**
（法人編）

こんな時どうする？　第 **3** 編

トラブル回避事例
（個人編）

第4編 トラブル回避事例
（相続贈与編）

第 **1** 編

入門編

従来は個別通達によることが多かった法人契約の保険料の取扱いが、令和元年の法人税基本通達で大改正され、また、権利の評価方法も令和3年の所得税基本通達で見直されました。

第 1 章

生命保険税務は何でむずかしいのだろう?

事例

　生命保険税務は、仕事でよく取り扱うのですが、正直、よくわかりません。いまさらですが、何を勉強すればいいのでしょうか?

回答

> 　所得税法、法人税法、相続税法および関連する通達、民法、会社法、保険法（約款）、保険数理等、幅広い分野の勉強が必要です。ただ、よく使う法令・通達は100くらいですし、国税不服審判所の裁決や裁判所の判決の数もそう多くはありません。あきらめずに、一度、じっくり、読んでみてください。この本では、よく使う通達や裁決は、できるだけ引用して掲載しています。

解説

　生命保険は身近にあるのですが、わかったようで、よく、わからないことが多いです。最近の保険商品は、複雑で、何をどこまで、どう保障しているかが、そもそもわかりません。

　また、生命保険税務については、概ね確定した考え方があるのですが、根拠となる法令・通達は網羅されていません。通達で定められていることも多いのですが、通達の解説まで読みこまないと通達自体がよくわからないことが多いです。

　さらにわざわざ裁決や訴訟に至る事例も多くありません。保険会社が行政に個別に照会した先例に従うことも多いです。

　ただ、生命保険税務については、とにかく、保険料負担者と受取人の関係がどうなっているかを検討してください。他に契約者や被保険

者が登場し、また、被保険者以外は変更可能なのですが、何より、保険料負担者と受取人との関係が重要です。

　また、保険約款上、保険契約者＝保険料負担者とされていますが、実務では、そうなっていないことも結構あります。ですから、契約者変更のたびごとに、課税関係の確認が必要です。

　なお、平成27年度の税制改正で、平成30年１月１日以後の契約者の異動状況が分かるように、新しい支払調書に変更されました。今後、確定申告時、保険料負担者の異動に対応した申告が必要となりましたので、ご注意ください。

第2章

今回の令和3年所得税基本通達改正の概要

1 新しい保険契約の権利評価に関する通達はどんな内容？

事 例

　令和元年8月に、法人で社長を被保険者にして、低解約返戻金型逓増定期保険に加入しました。令和3年7月に、社長退任時に契約者を社長個人に変更しました。令和3年7月1日からの新しい所得税基本通達が適用されると聞きましたが、どのような内容ですか？

回答

　今回の保険契約等に関する権利の評価に関する所得税基本通達36－37の改正（以下、「今回の通達改正」）は、①令和元年7月8日以後に締結した②法人税基本通達9－3－5の2（定期保険等の保険料に相当多額の前払部分の保険料が含まれる場合の取扱い）に基づく保険契約につき、③令和3年7月1日以後に契約者変更した場合、の取扱いを変更したものです。

　④解約返戻金の額（以降、「支給時解約返戻金の額」）が法人の資産計上額（以降、「支給時資産計上額」）の70％以上の場合は、従来と同じく「支給時解約返戻金の額」で評価しますが、70％未満の場合は、「支給時資産計上額」で評価することになりました。

（保険契約等に関する権利の評価）

36－37　使用者が役員又は使用人に対して生命保険契約若しくは損害保険契約又はこれらに類する共済契約（以下「保険契約等」という。）に関する権利を支給した場合には、その支給時において当該保険契約等を解除したとした場合に支払われることとなる解約返戻金の額（解約返戻金のほかに支払われることとなる前納保険料の金額、剰余金の分配額等がある場合には、これらの金額との合計額。以下「支給時解約返戻金の額」という。）により評価する。

　　ただし、次の保険契約等に関する権利を支給した場合には、それぞれ次のとおり評価する。

(1)　支給時解約返戻金の額が支給時資産計上額の 70％に相当する金額未満である保険契約等に関する権利（法人税基本通達9－3－5の2の取扱いの適用を受けるものに限る。）を支給した場合には、当該支給時資産計上額により評価する。

(2)　復旧することのできる払済保険その他これに類する保険契約等に関する権利（元の契約が法人税基本通達9－3－5の2の取扱いの適用を受けるものに限る。）を支給した場合には、支給時資産計上額に法人税基本通達9－3－7の2の取扱いにより使用者が損金に算入した金額を加算した金額により評価する。

(注)　「支給時資産計上額」とは、使用者が支払った保険料の額のうち当該保険契約等に関する権利の支給時の直前において前払部分の保険料として法人税基本通達の取扱いにより資産に計上すべき金額をいい、預け金などで処理した前納保険料の金額、未収の剰余金の分配額等がある場合には、これらの金額を加算した金額をいう。

附　則

（経過的取扱い）

　　この法令解釈通達による改正後の所得税基本通達は、令和3年7月1日以後に行う保険契約等に関する権利の支給について適用し、同日前に行った保険契約等に関する権利の支給については、なお従前の例による。

解　説

　国税庁から「所得税基本通達の制定について」の一部改正（法令解釈通達）が公表され、令和元年7月8日以後に締結された法人税基本

通達9−3−5の2の保険契約につき、令和3年7月1日以後の契約者変更から、保険契約等に関する権利の評価につき、新しい所得税基本通達が適用されることになりました。

1．どこが問題だったのですか？

　生命保険契約は保険期間が長期間であり、契約締結後の諸事情の変化により契約者の変更が必要となることがあります。このため、通常、約款において契約者変更が規定されています。

　今回、変更されたのは、「法人から個人」「法人から法人」への契約者変更です（「個人事業主」も含まれます）。

　これまで、契約者変更に伴う移転価格は時価（所得税基本通達36−37により、解約返戻金のほかに支払われる前納保険料の金額、剰余金の分配額等がある場合にはこれらの金額との合計額である解約返戻金の額）とされていました。今回の見直しは、この所得税基本通達36−37への「ただし書き」の形をとりました。

　問題となったのは、契約当初から一定期間の解約返戻金の額が低く設定されている法人契約の「低解約返戻金型逓増定期保険」の取扱いです。

　イメージとしては、

①法人で契約後数年間保険料を支払う。

②低解約返戻期間のうちに、保険契約者の地位を法人から個人（または法人）に変更する（変更は有償でも無償でも可能だが、有償でも法人が支払った保険料と比較しても低い金額での契約者変更になる）。

③その後、1回、個人として保険料を支払う。

④低解約返戻期間終了後に契約を解約すると、この時点で個人が受け取る解約返戻金の額は大きく跳ね上がっている。

このような変更は、第三者との通常の取引においては、想定されな

いものです。

（低解約返戻金型定期保険のイメージ図）

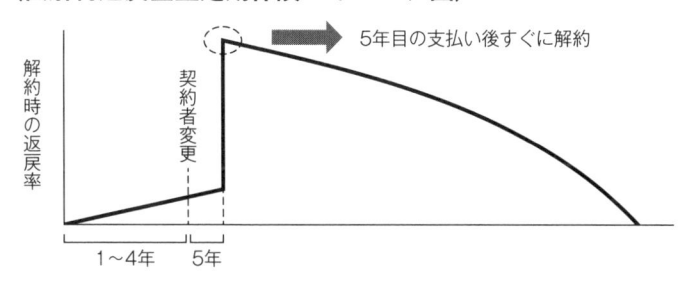

2. 従来はどのように評価をしていたのですか？

　当初、法人を契約者と保険金受取人、経営者を被保険者として低解約返戻金型逓増定期保険契約を締結します。この場合、法人税基本通達9－3－5の2に定められた最高解約返戻率により一定割合を前払保険料として資産計上します。

　例えば、最高解約返戻率70％超85％以下の場合、保険期間の当初40％相当期間は保険料の60％相当額を前払保険料として資産計上しますが、解約返戻金の額とは乖離しています。

　（例）年間保険料1000万円、最高解約返戻率70％超85％以下

	解約返戻金額	資産計上額
1年目	0（0％）	600万円
2年目	20（1％）	1200万円
3年目	60（2％）	1800万円
4年目	120（3％）	2400万円⇒契約者変更
5年目	4250万円（85％）	0万円

　法人から個人に、4年目の保険料支払い後、解約返戻金の額120万円で、有償で契約者変更をします。この場合、個人は時価での移転な

ので課税はされません。法人の損金算入額は、以下の通りとなります。
・法人の損金算入額：保険料損金算入額1600万円（過去４年分）＋
　　　　　　　　　　（資産計上額2400万円―受取金額120万円）＝
　　　　　　　　　　3880万円（支払った保険料4000万円の97％
　　　　　　　　　　相当額）

　その後、個人は５年目に保険料1000万円を支払った後に解約すると、4250万円を受取ります。この場合、個人の一時所得の計算における支出金額は、
・個人の支出金額：支払額（解約返戻金の額）120万円＋支払保険料
　　　　　　　　　1000万円＝1120万円

となり、50万円特別控除後の一時所得は3080万円です。その２分の１だけが他の所得と合わせて課税対象となります。
　このように、法人が支払った保険料の大部分を損金にしつつ、個人に２分の１課税の形で有利に利益移転をすることが可能とされていました。

3. 今回の通達改正で評価方法はどのように変わりましたか？

　今回の通達改正で、「低解約返戻期間」を「支給時解約返戻金の額」が「支給時資産計上額」の70％に相当する金額未満である期間としました。そして、評価額を「支給時解約返戻金の額」を原則としつつ、「支給時解約返戻金の額」が法人の資産計上額の70％未満の場合には、「支給時資産計上額」とすることとしました。
　上記の例でみますと、
　資産計上額2400万円×70％＝1680万円＞解約返戻金の額120万円なので、法人から個人への移転価格は「支給時資産計上額」の2400万円となります。その結果、

・法人の損金算入額：3880万円⇒1600万円（＝保険料損金算入額1600万円（過去4年分）＋資産計上額2400万円─受取金額2400万円）
・個人の支出金額：1120万円⇒3400万円（＝支払額（資産計上額）2400万円＋支払保険料1000万円）

と、節税メリットはこれまでよりも大きく低減します。

　また、一旦保険料払込を中止して保障内容の低い払済保険等にして、その後、元の契約内容に復旧ができる場合（ただし、元の契約が法人税基本通達9－3－5の2を適用）は、払済保険に変更時、法人税基本通達9－3－7の2により資産計上額が解約返戻金の額に洗替えられるので、「支給時資産計上額」に「法人税基本通達9－3－7の2により損金算入した額」を加算して評価することになりました。これは、想定される抜け穴をあらかじめふさいだだけです。

　なお、年払保険料については、期間対応で処理しても、法人税基本通達2－2－14により短期の前払保険料として処理してもよいとされました。さらに、解約返戻金の額には、据置保険金など移転する全ての経済的利益が含まれます。

（新しい所得税基本通達36－37適用時期）

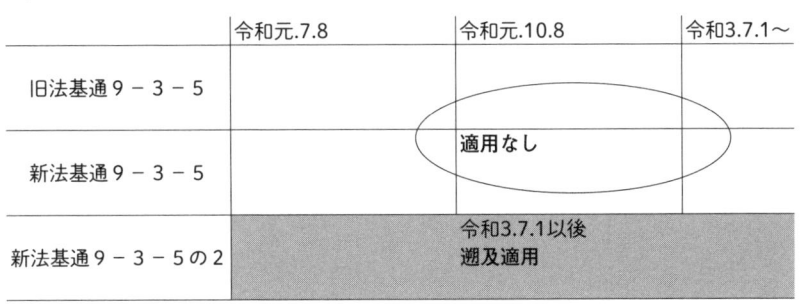

	令和元.7.8	令和元.10.8	令和3.7.1～
旧法基通9－3－5			
新法基通9－3－5		適用なし	
新法基通9－3－5の2		令和3.7.1以後 遡及適用	

2 従来の保険契約の権利評価に関する通達はどんな内容？

事例

令和元年6月に、法人で社長を被保険者にして、低解約返戻金型逓増定期保険に加入しました。令和3年7月に、社長退任時に契約者を社長個人に変更しました。令和3年7月1日からの新しい所得税基本通達は適用されますか？

回答

ご質問の場合、令和元年7月8日より前の契約なので、従来通りの解約返戻金の額での経理処理になります。今回の通達改正は適用されません。

解説

令和3年7月1日からの新しい所得税基本通達は、①令和元年7月8日以後契約のうち、②法人税基本通達9－3－5の2（定期保険等の保険料に相当多額の前払部分の保険料が含まれる場合の取扱い）が適用される場合で、かつ、③令和3年7月1日以後に契約者変更した場合に、④解約返戻金の額が法人の資産計上額の70％未満の場合は、「支給時資産計上額」で評価する取扱いです。

ご質問の場合、令和元年6月契約なので、従来通りの解約返戻金の額での経理処理になります。

③ 法人から個人への契約者変更は今後どうなりますか？

事 例

　令和元年8月に、法人で社長を被保険者にして、長期平準定期保険に加入しました。令和3年7月に社長退任時に契約者を社長個人に変更しました。令和3年7月1日からの新しい所得税基本通達が適用されると思いますが、経理処理はどのように変わりますか？

回答

　契約者変更に際し、有償で行なうか無償で行なうかは、新旧契約者間の協議によります。移転価格は時価（所得税基本通達36－37）によります。

　ご質問の場合、「支給時解約返戻金の額」が「支給時資産計上額」の70％以上の場合は「支給時解約返戻金の額」で移転（ケース①）、70％未満の場合は「支給時資産計上額」で移転（ケース②）と分けて考えます。

解 説

　この契約が、令和元年7月8日より前の契約ならば、新しい所得税基本通達の適用はありません。

（新しい経理処理例）～法人には個人事業主を含む

ケース①

契約者を法人から個人に「支給時解約返戻金の額」で有償変更。

法人の経理処理	個人の課税処理
当座預金　×××／前払保険料××× 雑損失　　×××／配当金積立金×××	課税なし

契約者を法人から個人に「支給時解約返戻金の額」で無償変更。

法人の経理処理	個人の課税処理
退職金×××／前払保険料××× 雑損失 ×××／配当金積立金×××	退職金は退職所得となり、所得税（含む復興特別所得税）・住民税の課税対象

（退職以外の事由により無償交付する場合、「退職金」が「賞与」等になる。交付先が役員のときは、原則全額損金不算入）

ケース②

契約者を法人から個人に「支給時資産計上額」で有償変更。

法人の経理処理	個人の課税処理
当座預金　×××／前払保険料××× 　　　　　　　／配当金積立金×××	課税なし

契約者を法人から個人に「支給時資産計上額」で無償変更。

法人の経理処理	個人の課税処理
退職金×××／前払保険料××× 　　　　　／配当金積立金×××	退職金は退職所得となり、所得税（含む復興特別所得税）・住民税の課税対象

（退職以外の事由により無償交付する場合、「退職金」が「賞与」等になる。交付先が役員のときは、原則全額損金不算入）

❹ 法人から法人への契約者変更は今後どうなりますか？

事 例

　令和元年8月に、法人で社長を被保険者にして、長期平準定期保険に加入しました。令和3年7月に社長を退任し、別の法人の社長に就任したので、その法人に契約者変更しました。法人間の契約者変更ですが、令和3年7月1日からの新しい所得税基本通達が適用されますか？また、経理処理はどのように変わりますか？

回答

　契約者変更に際し、有償で行なうか無償で行なうかは、新旧契約者間の協議によります。移転価格は、税制適格型の組織再編成（合併・分割・現物出資等）を除き、時価（所得税基本通達36－37準用）によります。

　ご質問の場合は法人から個人への契約者変更と同様、「支給時解約返戻金の額」が「支給時資産計上額」の70％以上の場合は「支給時解約返戻金の額」で移転（ケース①）、70％未満の場合は「支給時資産計上額」で移転（ケース②）と分けて考えます。

解 説

　国税庁からの「保険契約等に関する権利の評価に関する所得税基本通達の解説」で、法人間の移転でも新しい通達が準用されることとされました。

（新しい経理処理例）～法人には個人事業主を含む

ケース①

　契約者を法人から法人に「支給時解約返戻金の額」で有償変更。

転出法人の経理処理	転入法人の経理処理
当座預金　×××／前払保険料××× 雑損失　　×××／配当金積立金 ×××	前払保険料×××　／当座預金××× 配当金積立金 ×××

　契約者を法人から法人に「支給時解約返戻金の額」で無償変更。

転出法人の経理処理	転入法人の経理処理
寄附金 ×××／前払保険料××× 雑損失 ×××／配当金積立金 ×××	前払保険料×××　／雑収入××× 配当金積立金 ×××

ケース②

　契約者を法人から法人に「支給時資産計上額」で有償変更。

転出法人の経理処理	転入法人の経理処理
当座預金　　×××／前払保険料××× 　　　　　　　　／配当金積立金 ×××	前払保険料×××　／当座預金××× 配当金積立金 ×××

　契約者を法人から法人に「支給時資産計上額」で無償変更。

転出法人の経理処理	転入法人の経理処理
寄附金×××／前払保険料××× 　　　　　／配当金積立金 ×××	前払保険料×××　／雑収入××× 配当金積立金 ×××

　なお、平成22年10月１日以降に法人による完全支配関係にあるグループ内の法人間で行われる寄附金は、転出法人は全額損金不算入、転入法人は全額益金不算入とされます。

❺ 養老保険や解約返戻率の低い定期保険等は今後どうなりますか？

事例

令和3年7月1日からの新しい所得税基本通達が発出される過程で、養老保険や解約返戻率の低い定期保険等の見直しの可能性が示唆されたと聞きます。今後どうなりますか？

回答

令和3年4月28日に公表された今回の改正に対する意見公募や令和3年6月18日に公表された意見公募の結果の中で、「解約返戻率の低い定期保険等」（法人税基本通達9－3－5）及び「養老保険」（法人税基本通達9－3－4）などについて、「保険商品の設計などを調査したうえで、見直しの要否を検討する」とされています。

前者については今回の改正と同じような利益移転の可能性があること、後者については昭和55年の通達制定後の金利状況の変化が反映されていないこと、からいつ改正があってもおかしくないと思われます。

今回は対象にならなかった財産評価基本通達214による相続や非上場株式における生命保険契約の権利評価の取扱い、所得税基本通達9－21関係の非課税の取扱い、低解約返戻金型終身保険の取扱い、などとともに、引き続き注視が必要と思われます。

第3章

新しい令和元年法人税基本通達の概要

① 新しい定期保険・第三分野保険に関する通達はどんな内容？

事例

　法人で社長を被保険者にして、長期平準定期保険に加入しています。

　令和元年６月28日に新しい法人税基本通達（以下、「新しい通達」）が出たと聞きました。それより前に、社長が加入していた生命保険にも影響がありますか？

回答

> 　新しい通達は、令和元年７月８日以後の新しい契約の保険料に適用されました。過去に加入された契約に遡及することはありません（巻末に関連する資料を付けました。読んでみてください。）。

解説

1. 基本通達の仲間入りをしました

　新しい通達により、令和元年７月８日以後に契約する定期保険と第三分野保険は、商品別ではなく、解約返戻率（配当金を含まない、契約時に示された解約返戻金額を払込保険料総額で除した割合）のうち、最高となる解約返戻率（最高解約返戻率）で損金算入割合が決定されます。

（1）最高解約返戻率により３区分（50％超70％以下、70％超85％以下、85％超）され、損金算入割合を決めます（なお、最高解約返戻率が50％以下の場合、保険期間を通じて原則資産計上不

最高解約返戻率	資産計上期間	資産計上額*1	資産取崩期間*2
50%以下	全期間にわたり、原則資産計上不要 （支払保険料全額を損金算入）*3*4		
50%超 70%以下*5	保険期間開始から当初40%相当期間	支払保険料×0.4 （60%損金算入）	当初75%期間経過後から保険期間の終了日まで均等に取り崩し
70%超 85%以下		支払保険料×0.6 （40%損金算入）	
85%超	①　保険期間開始日から最高解約返戻率となる期間まで ②　①の期間経過後、年換算保険料相当額に対する解約返戻金相当額の増加割合が70%を超える期間がある場合は、その超える期間終了日まで*6 ③　上記期間が5年未満の場合は5年間、10年未満の場合は保険期間の50%相当期間	当初10年間：支払保険料×最高解約返戻率×0.9 11年目以後：支払保険料×最高解約返戻率×0.7	解約返戻金額が最も高い金額となる期間経過後から均等に取り崩しただし、左記③の場合は資産計上期間経過後から均等取り崩し

*1　資産計上額は当期分支払保険料相当額を限度。事業年度中途での資産計上期間終了の場合は月割、ただし１月未満の端数切り捨て。

*2　資産取崩期間の１月未満の端数切り上げ。

*3　保険期間が終身である第三分野保険については、保険期間の開始の日から被保険者の年齢が116歳に達する日までを計算上の保険期間とすることになりました（保険料払込期間中は、「払込保険料×（保険料払込期間／保険期間）」を損金算入、残額を資産計上）。

*4　解約返戻金相当額のない（ごく少額の払戻金がある契約を含む）、保険料払込期間が保険期間より短い定期保険または第三分野保険で、被保険者一人当たりの当該事業年度に支払った保険料の額が合計30万円以下（他社商品も含んで通算）である場合は、全額損金算入可能。

*5　被保険者一人当たり年換算保険料相当額の合計額が30万円以下（他社商品も含んで通算）である場合は、全額損金算入可能。

*6　（当年度の解約返戻金相当額－前年度の解約返戻金相当額）／年換算保険料相当額。

要です）。

　特徴的なのは、最高解約返戻率85％以下の商品については、支払保険料の額に一定割合を乗じた金額を、一定の期間資産計上するという改正前と同様の簡便なルールなのですが、最高解約返戻率85％超

の商品については、商品設計の実態にあわせて、前払部分の保険料の累計額に近似する解約返戻金に着目し、契約時の最高解約返戻率に応じてより高い割合で資産計上することとなりました。ここが複雑です。

（2）**新しい通達は、令和元年7月8日（解約返戻金のない（ごく少額の払戻金がある契約を含む。）短期払の定期保険又は第三分野保険は令和元年10月8日）以後の契約に適用されることになりました。それより前の契約に遡及することはありません。**

2.もう少し詳しい内容は？

　法人税基本通達9−3−5の2（定期保険等の保険料に相当多額の前払部分の保険料が含まれる場合の取扱い）が新設され、最高解約返戻率に応じて次の3つに区分されました。

（1）最高解約返戻率50％超70％以下の場合

① 保険期間の当初40％相当期間において、支払保険料の40％を資産計上、60％を損金に算入する(資産計上期間)。

② 保険期間の40％相当期間経過後から75％相当期間までの間は支払保険料の全額を損金算入する。

③ 保険期間の75％相当期間経過後は、支払保険料の全額を損金算入しつつ、資産計上した金額を保険期間満了まで均等に取り崩し、損金算入する（資産取崩期間）。

　ただし、被保険者一人当たりの年換算保険料の合計額が30万円以下（他社商品も含んで通算）である場合は、全額損金算入が認められました。

（2）最高解約返戻率70％超85％以下の場合

① 保険期間の当初40％相当期間において、支払保険料の60％を資産計上、40％を損金に算入する（資産計上期間）。

② 保険期間の40％相当期間経過後から75％相当期間までの間は支払保険料の全額を損金算入する。

③ 保険期間の75％相当期間経過後は、支払保険料の全額を損金算入しつつ、資産計上した金額を保険期間満了まで均等に取り崩し、損金算入する（資産取崩期間）。

（3）最高解約返戻率85％超の場合

① 最高解約返戻率までの当初10年間、支払保険料×最高解約返戻率×90％を資産計上、11年目以後、年換算保険料に対する解約返戻金相当額の増加割合が70％を超えている期間は、保険料×最高解約返戻率×70％を資産計上し、残額を損金算入する（資産計上期間）。

ただし、上記資産計上期間が5年未満の場合は当初5年を経過する日まで、保険期間が10年未満の場合は当初保険期間の100分の50相当期間を経過する日までとする。

なお、「最高解約返戻率となる期間」及び「100分の70を超える期間」が複数ある場合は、いずれもその最も遅い期間とする。

② 資産計上期間経過後は解約返戻金相当額が最も高い金額となる期間までは支払保険料の全額を損金算入する。

③ 解約返戻金相当額が最も高い金額となる期間経過後から、資産計上した金額を保険期間満了まで均等に取り崩し、損金算入する（資産取崩期間）。

なお、「解約返戻金相当額が最も高い金額となる期間」が複数ある場合は、いずれもその最も遅い期間とする。

（4）解約返戻金のない短期払込の定期保険や第三分野保険は？

取扱いが注目されていた、解約返戻金相当額のない（ごく少額の払戻金のある契約を含む。）、短期払込の定期保険や第三分野保険は、被

保険者一人当たりの当該事業年度に支払った保険料が合計30万円以下（他社商品も含んで通算）だと全額損金算入が認められることになりました。

　令和元年10月8日以後の新契約に適用されます。

　この場合、定期保険と第三分野保険の合計保険料で30万円以下を判断します。

　なお、最高解約返戻率50％超70％以下で被保険者一人当たりの定期保険と第三分野保険の年換算保険料の合計額が30万円以下（他社商品も含んで通算）である場合も全額損金算入可能です。これと解約返戻金のない短期払込の被保険者一人当たりの定期保険と第三分野保険の当該事業年度に支払った保険料の合計額が30万円以下である場合は、根拠となる通達が異なるので併用可能です。それぞれで被保険者一人当たりの合計保険料が30万円以下かを判断します。

（5）その他

　第三分野保険に、長期傷害保険は含まれます。

　法人契約の三大疾病保障終身保険の保険料については、死亡保険金と第三分野保障（三大疾病保障、介護保障等）に対する保険金の保険金額が同水準であり、かつ、保険期間が終身の生命保険については取扱いが変わり、新しい法人税基本通達9－3－5または9－3－5の2が適用されます。しかし、国税庁からの連絡で、これら保険の解約返戻金については養老保険等と類似した推移を示すことから、従来と同じ全額資産計上とする取扱いも認められています。

❷ 従来の定期保険・第三分野保険に関する通達はどんな内容？

▎事 例 ▎

　新しい通達が、社長の過去の長期平準定期保険に適用されないことはわかりました。でも、そもそも、以前の通達の内容がよくわかりません。どこに書いてありますか？

▎回 答 ▎

　以前は、法人税法の個別通達として、商品別の保険料の取扱いの規程がありました（これも巻末に関連する資料を付けました。読んでみてください）。

　ご質問の長期平準定期保険については、昭和62年6月16日の個別通達により、以下の通り、経理処理をしていました。
（1）保険期間の当初6割相当期間は、支払保険料の2分の1を前払保険料として資産計上、2分の1を損金に算入
（2）保険期間の残り4割相当期間は、支払保険料を全額損金に算入するとともに、前払保険料として資産計上した額を残りの保険期間で均等に取り崩す

▎解 説 ▎

　その他の保険商品は、以下のとおりでした。
1．個別通達のない定期保険（法人税基本通達9－3－5）
　⇒期間の経過に応じて損金算入（全額損金）
2．逓増定期保険（平成20年2月28日個別通達）
（1）保険期間の当初6割相当期間は、保障内容により、2分の1資産計上、3分の2資産計上、4分の3資産計上とし、残額は損金算入

（2）保険期間の残り４割相当期間は、支払保険料を全額損金に
　　　算入するとともに、前払保険料として資産計上した額を残りの
　　　保険期間で均等に取り崩す

３．がん保険（終身）（平成24年４月27日個別通達）
　　⇒原則：加入時から105歳までの期間の50％相当期間は、２分の
　　　　　　１は資産計上、２分の１は損金算入。残り50％相当期間は、
　　　　　　支払保険料を全額損金に算入するとともに、前払保険料と
　　　　　　して資産計上した額を残りの保険期間で均等に取り崩す
　　⇒例外：解約等において払戻金のないもの（保険料払込期間が有期
　　　　　　払込であり、保険料払込期間が終了した後の解約等におい
　　　　　　てごく少額の払戻金がある契約を含む。）である場合は、
　　　　　　全額損金に算入（医療保険（終身）も同様）

保険商品	損金算入割合	資産計上期間	根拠
定期保険	全損	—	H15改正通達
長期平準定期保険	２分の１	前半６割	S62個別通達
逓増定期保険	全損、２分の１、３分の１、４分の１	前半６割	H20改正個別通達
医療保険	全損	—	H13個別通達
がん保険	有期：全損　終身：２分の１（短期払の例外あり）	終身は前半５割	H24個別通達

③ いつから新しい通達が適用されましたか？

事例

　新しい通達は、2回にわけて適用されたそうです。どのような定期保険や第三分野保険がいつから適用されたのかわかりません。

回答

　新しい通達は令和元年7月8日以後の定期保険と第三分野保険の新契約から適用されました。

　ただし、解約返戻金相当額のない（あってもごく少額の払戻金のある）短期払の定期保険と第三分野保険の保険料は、令和元年10月8日以後の新契約から適用されました。

解説

以下のイメージ図がわかりやすいと思います。

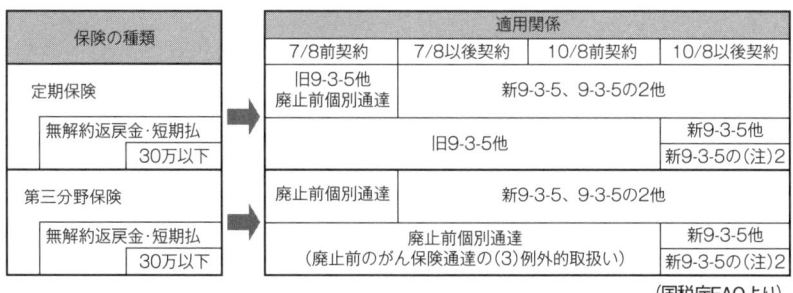

保険の種類		適用関係			
		7/8前契約	7/8以後契約	10/8前契約	10/8以後契約
定期保険		旧9-3-5他 廃止前個別通達	新9-3-5、9-3-5の2他		
	無解約返戻金・短期払 30万以下	旧9-3-5他			新9-3-5他 新9-3-5の(注)2
第三分野保険		廃止前個別通達	新9-3-5、9-3-5の2他		
	無解約返戻金・短期払 30万以下	廃止前個別通達 （廃止前のがん保険通達の(3)例外的取扱い）			新9-3-5他 新9-3-5の(注)2

(国税庁FAQより)

　なお、上記期日より前の契約に新しい通達が適用されることはありません。引き続き、改正前の基本通達や個別通達が適用されます。

④ 資産計上期間や資産取崩期間とはどういう意味ですか？

事例

新しい通達には、資産計上期間や資産取崩期間という、聞き慣れない言葉があります。これはどういう意味ですか？

回答

改正前も、前払保険料を積み立てる期間や、積み立てた前払保険料を均等に取り崩す期間がありました。ただ、改正前は積立期間が終了するとすぐに取り崩していました。

改正後は、資産維持期間というべき期間があり、一定期間を置いて取り崩すようになりました。

解説

以下のイメージ図がわかりやすいと思います（最高解約返戻率が50％超85％以下の場合）。

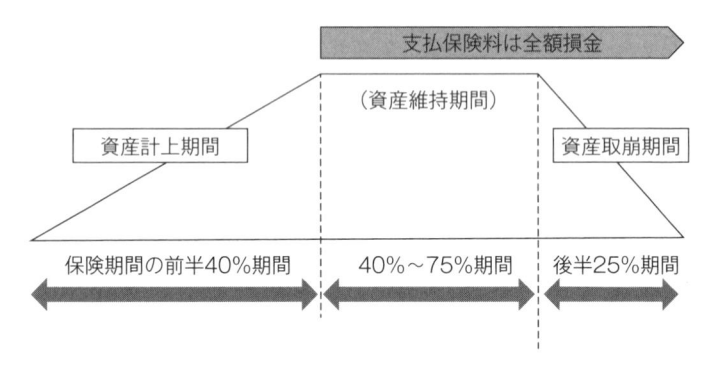

なお、この期間は年単位でなく、月単位で処理します。（資産計上期間は月未満端数切り捨て、資産取崩期間は月未満端数切り上げ）保険料が年払の場合も月単位で処理します。

⑤ 最高解約返戻率はどうやって計算するのですか？

事例

　新しい通達に最高解約返戻率という、聞き慣れない言葉があります。これはどういう意味ですか？

回答

　最高解約返戻率とは、契約時に保険会社から各期間において示された解約返戻金相当額について、それまでの保険料総額で除した割合の最も高いものをいいます。

　最高解約返戻率は、パンフレット等でなく、保険設計書等に記載された個々の契約内容に応じて設計されるものを用います。

解説

　端数処理については、経理事務の簡便性のため、小数点２位以下の端数を切り捨てて計算した数値でも差し支えないとされています。

　なお、保険給付のない特約保険料や特別保険料については、主契約の保険料に含めて最高解約返戻率を計算しますが、保険給付のある特約保険料は、主契約の保険料と区別して、新通達の適用を検討します（法人税基本通達９－３－６の２）。

　また、前納した保険料については、各期間の保険料として充当される部分の合計額を分母とし、その合計額に係る解約返戻金相当額を分子として、最高解約返戻率を計算します。

　さらに、短期払の保険料については、各期間までに実際に支払うことになる短期払の保険料の合計額を分母とし、その合計額に係る解約返戻金相当額を分子として、最高解約返戻率を計算します。

⑥ 契約者配当や生存給付金の額はどう取り扱うのですか？

事例

　契約者配当の額は、解約返戻率を考える時に、どうするのですか？

　また、生存給付金の額は、解約返戻率を考える時に、どうするのですか？

回答

　契約者配当の額は、将来の払戻しが決まっていないので、解約返戻金相当額に含まれません。解約返戻率に影響はありません。

　しかし、将来の払戻しが約束されている生存給付金については、解約返戻金相当額に含まれます。解約返戻率に影響はあります。

解説

　有配当の定期保険商品を販売する保険会社は、過去の契約者配当の実績を踏まえた予想配当額を示すことがあります。しかし、契約時に契約者配当が確実に見込まれない限り、解約返戻金相当額に含まれず、解約返戻率に影響はありません。支払が確実な生存給付金や無事故給付金と取扱いが異なります。

⑦ 最高解約返戻率85％超の経理処理がよくわかりません！

事例

　最高解約返戻率85％超の取扱いが難しいです。どうやって経理処理をするのですか？

回答

　従来の簡便な取扱いではないので、保険会社の提案書に従って経理処理を行います。

解説

　30歳男性で最高解約返戻率90％の長期平準定期保険(100歳払込・保険期間満了、月保険料10万円)に加入の場合、以下のような経理処理（例）になると思います。

〈改正前〉　年単位で考えます
①保険期間の当初6割相当期間（42年）

　　定期保険料5万円 ／ 当座預金10万円

　　前払保険料5万円
②保険期間の残り4割相当期間（28年間で均等に取崩し）

　　定期保険料17.5万円 ／ 当座預金　　10万円

　　　　　　　　　　　　　前払保険料 7.5万円

※6割相当期間経過後、すぐに取り崩します。三角形のイメージです。

〈改正後〉　月単位で考えます
①最高解約返戻率までの当初10年間

　　　定期保険料1.9万円 ／ 当座預金10万円

　　　前払保険料8.1万円

②11年目以後、年換算保険料に対する解約返戻金の増加割合が70%
　超の間（30年間）

　　　定期保険料3.7万円 ／ 当座預金10万円

　　　前払保険料6.3万円

③資産計上期間経過後、解約返戻金額がピークになるまでの間
　（20年間）

　　　定期保険料10万円 ／ 当座預金10万円

④解約返戻金額がピークとなる翌期以後（10年間で均等に取崩し）

　　　定期保険料37万円 ／ 当座預金　10万円

　　　　　　　　　　　　 前払保険料27万円

※③の期間は前払保険料を取り崩さず、維持します。台形のイメージ
　です。

【グラフ】解約返戻率と解約返戻金額のカーブ

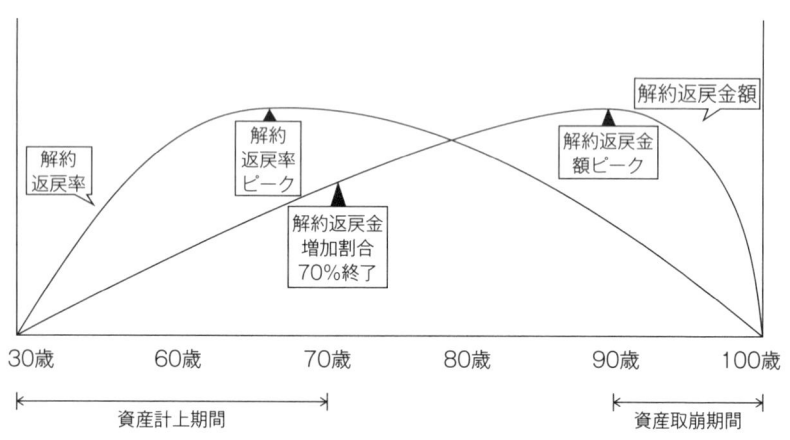

⑧ 外貨建保険や変額保険はどう経理処理すればいいですか？

事例

　外貨建保険のように、為替レートが変動する保険は、どう経理処理すればいいですか？

　また、変額保険はどう経理処理すればいいですか？

回答

　外貨建保険については、契約時の為替レートを用いて解約返戻金相当額を計算してください。

　また、変額保険については、契約時に示された予定利率を用いて解約返戻金相当額を計算してください。

解説

　これらの保険は、将来の解約返戻金相当額は確定していません。

　このあたりの考え方は、割り切りだと思います。

9　保険期間が終身の第三分野保険の経理処理はどうなりますか？

事例

　保険期間が終身の第三分野保険の経理処理は、116歳までを保険期間として保険料を計上するそうですが、どう経理処理しますか？

回答

　公益社団法人日本アクチュアリー会が作成した、第三分野標準生命表2018（男）における最終年齢に基づき、116歳に達する日までを計算上の保険期間とすることになりました。

　保険料払込期間中は、払込保険料×（保険料払込期間／保険期間）を損金に算入し、残額を資産に計上します。保険料払込期間満了後は、残りの期間で前払保険料を均等に取り崩します。

解説

　以下のように経理処理することになると思われます。

50歳男性で医療保険(終身、80歳払込満了、月保険料10万円)に加入の場合

〈改正前〉　医療保険料10万円 ／ 当座預金10万円

〈改正後〉
①保険料払込期間中（80歳までの30年間）

　　医療保険料4.55万円 ／ 当座預金10万円

　　前払保険料5.45万円
②保険料払込期間満了後（116歳までの36年間）

　　医療保険料4.55万円 ／ 前払保険料4.55万円

10 ごく少額の払戻金とは具体的にはいくらですか？

事例

　新しい法人税基本通達９－３－５の（注）２の「ごく少額の払戻金のある契約」の「ごく少額の払戻金」とは具体的にはいくらですか？

回答

　「ごく少額の払戻金」については、支払保険料の額や保障に係る給付金の額に対する割合などを勘案して、個別に判断することとされました。

解説

　現行の医療保険などでは、払戻金を入院給付日額などの基本給付金額をもとに一定の倍数をかけた金額（１万円の10倍など）としている商品が多いと思いますが、この払戻金は、一般的にごく少額のものと考えられます。しかし、この判断は、支払保険料の額や保障に係る給付金の額に対する割合などを勘案して個別にされます。

　また、廃止された、いわゆる「がん保険通達」と考え方は変わらないものとされています。

11 当期分支払保険料と年換算保険料は同じ考え方ですか？

事例

　法人税基本通達９－３－５の（注）２の「当該事業年度に支払った保険料の額が30万円以下」と、法人税基本通達９－３－５の２の「年換算保険料が30万円以下」は同じ考え方ですか？

回答

　新設された法人税基本通達９－３－５の２（３）の（注）１に、それぞれ考え方が定義されています。同じ考え方ではありません。
　・当期分支払保険料＝支払った保険料の額のうち当該事業年度分
　・年換算保険料＝保険料総額を保険期間の年数で割ったもの

解説

当期分支払保険料は、以下のように考えます。

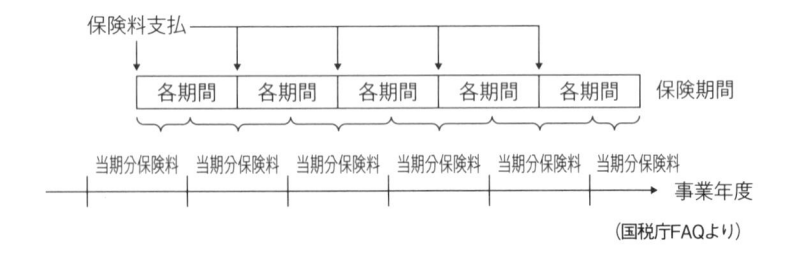

（国税庁FAQより）

　つまり、年払などで保険料を支払っても、当期に対応する保険料しか対象になりません。

　年換算保険料は保険料総額を保険期間の年数で割ったものです。こちらはわかりやすいのですが、期途中で同種の保険に追加加入して30万円を超えたり、保険を解約して30万円以下になることを、各自で計算しないといけません。

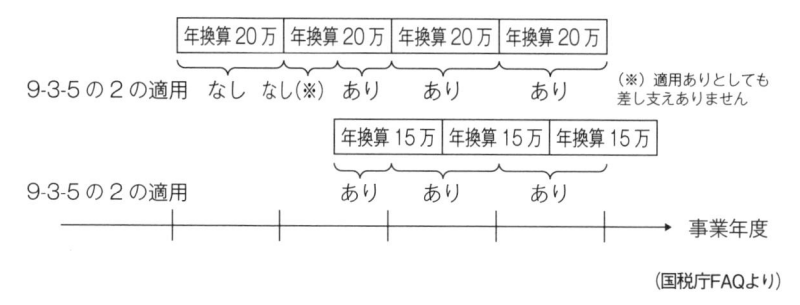

（国税庁FAQより）

　これらの見直しがある場合、経理事務の煩雑を避けるため、追加加入や解約があった事業年度については継続して新しい通達を適用する取扱いが認められています。

　なお、改正通達の適用日前に契約した定期保険や第三分野保険の保険料は含めません。
　また、いわゆる給与扱保険料も含めません。

12 契約内容の変更とは、どんな変更ですか？

事例

　新しい法人税基本通達９－３－５の２（注）５にある「契約内容の変更」とは、どんな変更ですか？

回答

　原則、解約返戻率の変動を伴う変更とされます。このため、従来以上に、契約内容の見直しをする際に、解約返戻率に影響がないか、確認が必要です。

解説

（1）契約内容の変更に当たるもの

　払込期間の変更（全期払から短期払）、保険金額の増額、減額や一部解約に伴う高額割引率の変更、保険期間の延長・短縮

（2）契約内容の変更に当たらないもの

　払込方法の変更（月払を年払に変更）、払込経路の変更（口座振替扱いから団体扱いに変更）、契約者貸付、保険給付のある特約への追加加入、契約者変更

　よく質問されるのですが、払込方法の変更や払込経路の変更は解約返戻率の変動がある場合もありますが、区分の見直しをしなくてもよいとされています。

13 契約転換すると保険料に影響がありますか？

事例

　逓増定期保険を長期平準定期保険に契約転換しました。逓増定期保険は新しい通達適用前の契約ですが、保険料の取扱いは変わりますか？

回答

　契約転換は、保険契約を新たな保険契約に切り替えるものです。転換後の契約の保険料については、新しい通達の取扱いを適用します。保険料の取扱いが変わりますから、注意が必要です。

解説

　新しい保険料は、転換価格を考慮しない新たな契約を締結した場合の最高解約返戻率の区分に応じて取り扱います。また、資産計上額についても、新たな区分に応じて取り崩します。

　また、払済保険への変更も同様に考えますが、契約の更新については、保障内容の変更のない自動更新は新たな契約として取り扱わず、改正前の取扱いによることができます。

　なお、新しい通達適用日前の定期保険等に、新しい通達の適用日後に、保険給付のある特約を付加した場合、その特約の保険料は、改正後の取扱いになります。

第 4 章

生命保険はどのように活用するのですか?

① 事業継続対策に使う定期保険とはどんな保険ですか?

事例

　生命保険は、加入目的によって加入する商品が違うと聞きました。

　会社を創業して間もない法人は、どんな保険に加入すれば、いいですか?

‖ 回答 ‖

　創業間もない法人は、資金面が弱い場合が多いです。定期保険といって、5年間とか10年間とか短期間でいいので、とにかく割安な保険料で大きな死亡保障がある保険に加入してください。解約返戻金がないので、保険料は原則、全額損金に算入できます。

〈イメージ図〉

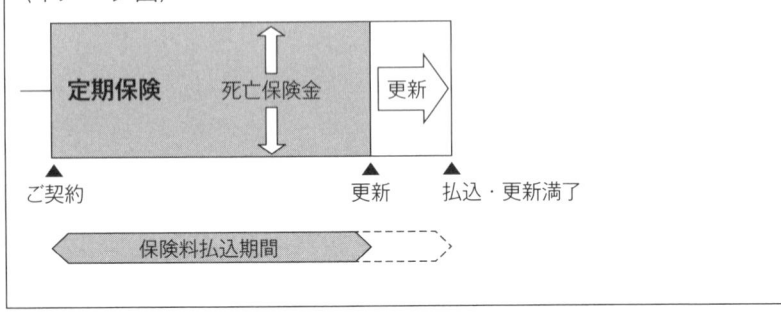

解　説

　創業したばかりの法人が、経営者を被保険者として借入金返済や運転資金・納税資金の確保のため、できるだけ割安な保険料で死亡保障を準備する保険です。

　たとえば、法人が40歳男性を死亡保険金2,000万円の定期保険に10年間加入した場合、毎月7,000円程度の保険料負担となります。掛捨てなので満期保険金はありません（同じ保険料だと、貯蓄性のある終身保険の場合、死亡保険金300万円にしか加入できません）。

　ただし、保険料は原則、全額損金算入なので、法人が受け取った保険金は全額雑収入となります。法人税課税される部分も踏まえて、保険金額を決定する必要があります。

2 相続対策に使う終身保険とはどんな保険ですか？

事例

　相続はいつ発生するかわからないから、終身保険がいいよと言われました。どんな保険ですか？

回答

　相続対策では、終身保険といって、終身にわたって、同じ金額の死亡保障がある生命保険を利用することが多いです。法人でも個人でもよく利用されます。法人が利用する場合、支払った保険料は全額資産計上されます。

〈イメージ図〉

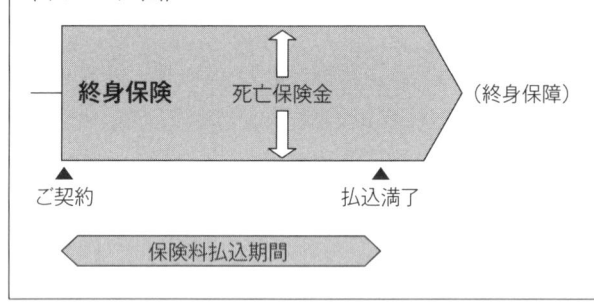

解説

　終身にわたって、同じ金額の死亡保障があるのが特徴で、資産形成効果が高いとされますが、保険料も比較的高いです。

　個人が利用する場合、90歳近くでも加入でき、また、一時払でもよく利用されます。

　たとえば、法人が30歳男性を被保険者にして、60歳払込満了の死亡保険金5,000万円の終身保険に加入した場合、毎月15万円程度の保険料が必要になります。もし、50歳の時に急に資金が必要になり保

険を解約したら、3,100万円程度の解約返戻金があります。

　もちろん、どこかのタイミングで被保険者が死亡したら、5,000万円の死亡保険金が法人に支払われ、保険料積立金、配当金積立金等の資産計上額との差額が雑収入となります。

　相続に用いる場合、保険金をどのように活用するか、よく考えて加入することが必要です。

③ 役員退職金準備に使う長期平準定期保険・逓増定期保険とは？

（1） 長期平準定期保険

事例

　若手経営者が、時期ははっきりしないのですが、65歳から70歳くらいで勇退したいと考えています。退職金を保険で準備する場合、どんな保険がいいですか？

回答

　長期平準定期保険といって、解約返戻金の高い時期が比較的長く、勇退時期にあわせやすい保険がいいと思います。勇退時期がはっきりしない場合には使いやすいと思います。

〈イメージ図〉

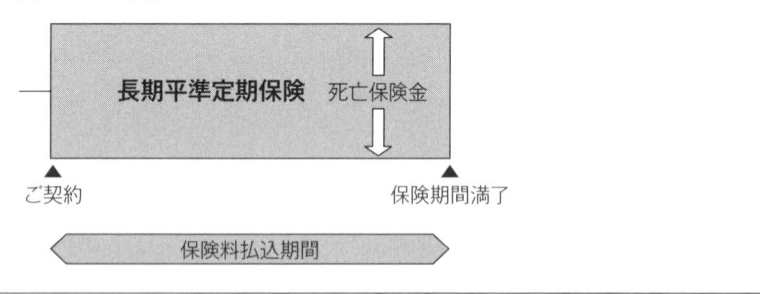

解説

　最近は第三分野保険と組み合わせることがありますが、長期平準定期保険は長期にわたる死亡保障が確保できることに加え、資産形成効果が高い保険です。法人の行う退職金の財源準備に適しています。

　たとえば、法人が40歳男性を被保険者にして100歳払込・保険期間満了の死亡保険金１億円の長期平準定期保険に加入した場合、毎年

240万円程度の保険料負担になります。もし、70歳になってこの経営者が勇退する場合、5,900万円程度の解約返戻金があります。

　これを財源に法人が退職金を支払った場合、受取人にかかる税金は、（退職金額—退職所得控除額）×1／2×税率が分離課税とされ、優遇されています。

（2）逓増定期保険（保険金額が5倍に段階的に増える）

事例

　事業が安定してきたので、子に事業を譲って10年以内に退職したいと考えています。退職金を保険で準備する場合、どんな保険がいいですか？

回答

　短期間で退職金を準備する場合、保険料が一定で保険金額が増加する逓増定期保険が目的に合っていると思います。
〈イメージ図〉

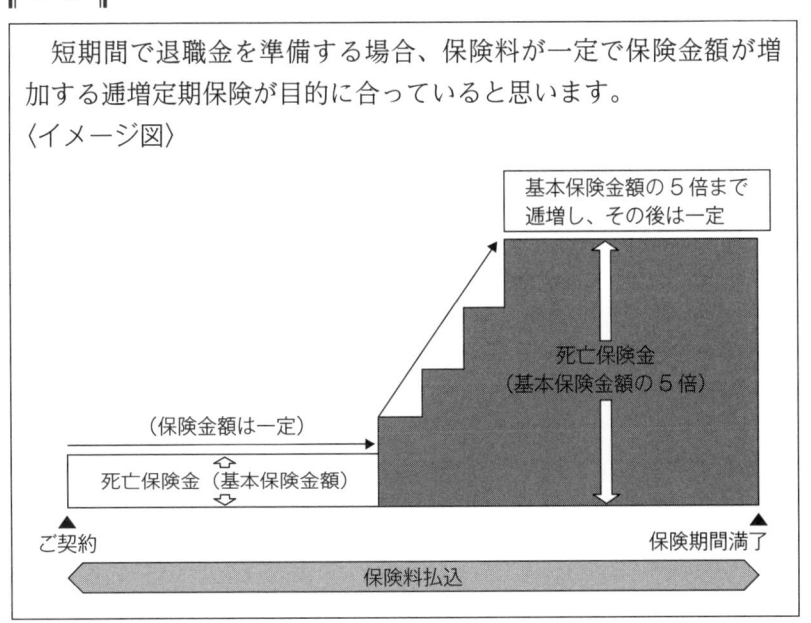

解説

　退職まであまり時間がない経営者が、短期間で退職金を準備する保険と言えます。

　たとえば、法人が60歳男性を被保険者にして77歳払込・保険期間満了の保険金1億円の逓増定期保険に加入した場合、毎年1,540万円程度の保険料負担になります。もし、65歳になってこの経営者が勇退を決断する場合、保険を解約した時に7,200万円程度の解約返戻金があります。

　これを財源に法人が退職金を支払った場合、受取人にかかる税金は、（退職金額—退職所得控除額）×1／2×税率が分離課税とされ、優遇されています。

4 従業員退職金準備に使う養老保険とはどんな保険ですか？

事例

　従業員の退職金準備を考えています。中退共とかも考えましたが、養老保険を使った福利厚生プランがあると聞きました。どんなプランですか？

回答

　従業員全員を対象に、契約者：法人、被保険者：従業員、死亡保険金受取人：従業員の遺族、満期保険金受取人：法人として、養老保険に加入します。保険料の半分が保険料積立金、半分が福利厚生費となります。

解説

　養老保険は、一定期間、死亡に備えながら資産形成できる保険です。死亡保障だけでなく、満期時には死亡時と同じ保険金額が受け取れます。一般に保険料は高いですが、貯蓄性も高いとされます。

　この養老保険に、法人が全従業員を被保険者として加入し、退職金の全部または一部を準備する保険です。希望すれば、役員も加入できます。

　たとえば、法人が従業員である30歳男性を被保険者にして60歳払込・保険期間満了の保険金500万円の養老保険に加入した場合、毎月約1.5万円の保険料負担になります。60歳満期時に満期保険金500万円が法人に支払われ、これを原資に、従業員に退職金を支払います（法人によっては、年金保険で準備する場合もあります）。

〈イメージ〉

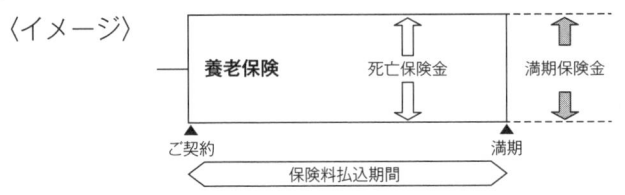

⑤ 医療保障準備に使う医療保険とはどんな保険ですか?

事例

　役員や従業員が入院・手術した場合、いろいろと支障が起こりそうです。何か保険に加入して準備したほうがいいですか?

回答

　役員や従業員が入院・手術をした場合、当面の資金繰りや見舞金などいろいろと心配です。その場合に備えて、医療保険やがん保険に加入します。

〈イメージ〉

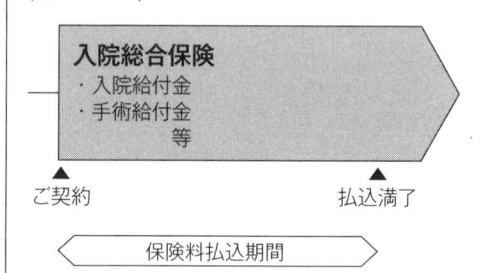

解説

　新しい通達で、医療保険のような第三分野保険は、解約返戻金がない（あっても小額）の場合、終身保障を短期払にして当年分の保険料が30万円以下なら全額損金に算入できるという取扱いができました。

　たとえば、法人が30歳男性を被保険者にして終身保障の入院日額1万円の保険に加入した場合、毎月1.65万円の保険料負担になります。これを短期間で支払って、他の同種の契約も含めて当年分の保険料が30万円以下なら全額損金に算入できます。

第 5 章

支払調書はどう変わったのですか?

事例

　平成30年1月1日以後に契約者変更した場合の支払調書が変わったと聞きました。保険料負担者の変更がわかるようになったと聞きますが、どう変わったのですか?

回答

　平成30年1月1日以後の契約者変更について、追加情報として、①直前の保険契約者　②現在の保険契約者が支払った保険料　③契約者変更の回数、が支払調書に記載されることになりました（平成29年12月31日以前の契約者変更の情報は記載されません）。

　なお、一時金で100万円超（年金で合計20万円超）の税務署長への提出基準は変わりません。※

　提出期限は、所得税法関係は支払の確定した日の属する年の翌年1月31日までに、相続税法関係は支払った翌月の15日までとされます（所得税法第225条第1項、所得税法施行規則第86条第3項、相続税法第59条第1項、相続税法施行令第30条第1項、相続税法施行規則第30条第4項・第6項）

※相続等に係る年金の場合は全件発行

所得税法施行規則　別表第五（十一）

令和元年分　生命保険契約等の一時金の支払調書

保険金等受取人	住所 （居所） 又は 所在地	東京都中央区日本橋小網町11-5	氏名又は名称	東京　花子
			個人番号又は法人番号	12×45×78×123
保険契約者等 （又は保険料等払込人）		東京都中央区日本橋小網町11-5	氏名又は名称	東京　太郎
			個人番号又は法人番号	012×45×78×10
被保険者等		東京都中央区日本橋小網町11-5	氏名又は名称	東京　太郎
直前の保険契約者等		東京都中央区日本橋小網町11-5		株式会社○○

保険金額等	増加又は割増保険金額等	未払利益配当金等	貸付金額、同未収利息
千　円 5　000　000	千　円	千　円 100　000	千　円
未払込保険料等	前納保険料等払戻金	差引支払保険金額等	既払込保険料等
千　円	千　円	千　円 5　100　000	千　円 3　000　000 （内　500　000）

保険事故等	満期	保険事故等の 発生年月日	令和元年9月2日
保険等の種類	養老		
契約者変更の 回数	1	保険金等の 支払年月日	令和元年9月6日
保険会社等	所在地	大阪市中央区△△1丁目1番1号	
	名称	日本橋生命保険相互会社	法人番号　3×120×000×000

　また、相続税申告で見過ごしがちだった、契約者死亡時の異動に関する調書が新設されました。

　これにより、相続財産に加算される解約返戻金相当額が100万円超の場合の調書が、変更した年の翌年1月31日までに税務署長に提出されることになりました。(相続税法第59条第2項、相続税法施行規則第30条第6項)

相続税法施行規則　第八号書式

保険契約者等の異動に関する調書

	住所（居所）又は所在地		氏名又は名称	
新保険契約者等		東京都中央区日本橋小網町11-5		東京　花子
死亡した保険契約者等		東京都中央区日本橋小網町11-5		東京　太郎
被保険者等		東京都中央区日本橋小網町11-5		東京　太郎
解約返戻金相当額		既払込保険料等の総額	死亡した保険契約者等の払込保険料等	
２　300　000　円		２　500　000　円	２　500　000　円	
評価日　①保険契約者等の死亡日　②契約者変更の効力発生日		保険契約者等　令和元年の死亡日　　　　９月２日	(摘要)	
保険等の種類	養老	契約者変更の効力発生日　年　　月　　日	(令和２年１月31日提出)	
保険会社等	所在地	大阪市中央区△△１丁目１番１号		
	名称	日本橋生命保険相互会社	法人番号	3×120×000×000

解 説

　改正前の支払調書は、現在の保険契約者が全額保険料を負担しているものとして作成されており、それに従って確定申告をしていたと思います。

　平成30年１月１日以後の契約者変更について、保険料負担者の変更がわかる支払調書が出るので、実態にあった申告が必要になります。

　しかし、新しい調書でも、たとえば、契約者変更の回数が２回以上とか、法人から個人への契約者変更は支払調書だけでは判断できません。保険会社に別途、保険料の支払い状況の報告を求めることが必要になります。

第2編

こんな時どうする？トラブル回避事例（法人編）

契約内容の見直しに関するご質問が25%強と圧倒的に多いです。次いで、保険料の支払いに関するご質問と保険金の受取りに関するご質問が、約13%と同じくらいの多さです。福利厚生プランや役員退職金に関するご質問がこれに続きます。

第 1 章

保険料で困った!

　法人が支払う保険料は、月末27日など、決まった日に支払うことになっています。しかし、残高不足だったり、休日だったりして、予定通りいかないことがあります。そんな時、どうするのでしょうか?

1 支払保険料はいつ損金に算入できるのですか?

事例

　12月決算企業の契約です。今年5月に月払で新契約を締結しました。今年の12月決算では、予想より多くの利益が出そうなので、12月中に1年分の保険料を保険会社に振り込もうと考えています。保険料を支払ったのですから、損金処理は可能と考えていいですか?

回答

　通常、月払契約を年払契約に変更できるのは、契約応答月の5月だけだと思われます。たとえ12月決算月に保険会社に1年分の保険料を支払ったとしても、12月分の保険料だけを損金に計上し、残りは前払保険料として資産計上することになります。月払から年払への変更が完了しない限り、いつでも保険料の支払を取り消して、返金を求めることが可能なので、債務が確定しないからです。

解 説

　ご質問の場合、月払保険料の１年分を保険会社に預けただけ、と考えます。保険料の支払いにつき、月払から年払への変更が完了したわけではありません。払方の変更が完了しない限り、いつでも預けてある保険料を取り戻すことが可能です。払方の変更が終了しない限り、債務が確定しないとされます。

　年払への変更が完了して初めて、継続適用を前提として、翌年度分の保険料を、短期前払費用の特例で１年分を損金処理することができます。

　なお、月払保険料の引去日が休日で、実際の支払日が翌月になることがあります。このような場合は、あくまでも継続的に月末の決まった日に支払うのなら、その月だけは支払が完了していなくても損金算入が認められることとされました。

通達を読んでみよう

法人税基本通達２－２－14

　前払費用（一定の契約に基づき継続的に役務の提供を受けるために支出した費用のうち当該事業年度終了の時においてまだ提供を受けていない役務に対応するものをいう。）の額は、当該事業年度の損金の額に算入されないのであるが、法人が、前払費用の額でその支払った日から１年以内に提供を受ける役務に係るものを支払った場合において、その支払った額に相当する金額を継続してその支払った日の属する事業年度の損金の額に算入しているときは、これを認める。

② 条件が付いた追加保険料はいつ計上すればいいですか？

事例

　3月に長期平準定期保険に年払で加入しました。

　しかし、健康面から条件付になり、4月に追加で保険料を払い込むことになりました。この企業は3月決算でしたが、この追加保険料を3月に計上することは可能ですか？

回答

> 　追加保険料の実際の支払いは4月ですから、4月の属する事業年度に計上することになります。3月支払いとするのは難しいと思われます。

解説

　保険料の支払いについては、実際の支払いを要すると考えています。理由としては、

①債務が確定していないと考えられること

　法人税法第22条第3項第2号では、償却費以外の費用は事業年度末までに債務が確定していることを損金算入の要件としています。

　しかし、保険料は支払期日が到来しても必ずしも支払を要するものではないことから、一般的に、保険料の支払がない限り債務が確定していないと考えられています。

②「未払の前払費用」はありえないこと

　「前払費用」はすでに支払が完了していることが前提であり、「未払の前払費用」はありえません。

法令通達を読んでみよう

法人税法第22条第3項

3　内国法人の各事業年度の所得の金額の計算上当該事業年度の損金の額
　　に算入すべき金額は、別段の定めがあるものを除き、次に掲げる額とす
　　る。

　　一　当該事業年度の収益に係る売上原価、完成工事原価その他これらに
　　　　準ずる原価の額

　　二　前号に掲げるもののほか、当該事業年度の販売費、一般管理費その
　　　　他の費用（償却費以外の費用で当該事業年度終了の日までに債務の確
　　　　定しないものを除く。）の額

法人税基本通達2－2－12

　　法第22条第3項第2号《損金の額に算入される販売費等》の償却費以外
の費用で当該事業年度終了の日までに債務が確定しているものとは、別に
定めるものを除き、次に掲げる要件の全てに該当するものとする。

（1）　当該事業年度終了の日までに当該費用に係る債務が成立しているこ
　　　　と。

（2）　当該事業年度終了の日までに当該債務に基づいて具体的な給付をす
　　　　べき原因となる事実が発生していること。

（3）　当該事業年度終了の日までにその金額を合理的に算定することがで
　　　　きるものであること。

③ 決算期を越えた保険料の返金はどう経理処理しますか？

事例

　3月決算の企業が逓増定期保険の加入手続きと入金を3月中に行いました。しかし、4月に入って診査結果が出て、残念ながら不承諾となりました。

　この場合、支払った保険料の返金があると思いますが、返金が決算期を越えた場合、この返金額は当期の雑収入となるのですか？

　それとも、前期にさかのぼって経理処理が必要となりますか？

回答

　その企業は、保険料支払時にどのような経理処理をしましたか？ご質問の場合、支払時の反対処理をするのですが、決算期を越えているため、場合によっては、決算調整または申告調整が必要になる場合があります。

解説

　ご質問の場合、保険料支払時に契約が成立していないので、通常、「預け金」として経理処理されていると思われます。それならば、決算調整として年度末に、「預け金」を「未収金」とし、実際に返金された時点で、「未収金」を「当座預金」とすればいいと思われます。

　しかし、もし契約の成立を待たずに損金処理されているのならば、処理は異なります。本来は、3月末までに契約が成立していなくては損金処理できないのが原則です。しかし、3月時点で契約の成立を見越して支払い時に損金処理をした後、4月に契約が成立しなかった場合、以下の2つの経理処理（例）が考えられます。

①決算内での伝票処理により修正が間に合う場合

（決算日）　未収金　×××　／　前払保険料×××

　　　　　　　　　　　　　　　　定期保険料×××

（返金日）　当座預金×××　／　未収金×××

②決算内での伝票処理により修正が間に合わない場合

【会計上】（返金日）

　　　　　当座預金×××　／　雑収入×××

　　　　　　　　　　　　　　（過年度損益修正益）

【税務上】

　前事業年度の確定申告書・別表４で損金不算入（「支払保険料損金否認」）として加算処理を行い、当事業年度の確定申告書・別表４で損金算入（「支払保険料損金容認」）として減算処理を行い、申告調整することになると思われます。

④ 年払保険料の支払時期がずれてしまいました！

事例

　振込扱の長期平準定期保険の年払保険料を、4月決算企業なのに、今年4月の保険料の支払いを失念していました。あわてて5月に保険料を支払い、事なきを得ました。

　しかし、来年の4月に例年どおり、年払保険料を振り込んだ場合、同一事業年度に2年分の保険料を一括で処理することになりますが、いいのでしょうか？

回答

　保険料を支払って損金に算入する時期は、実際に保険料を支払った日の属する事業年度になります。

　ご質問の場合、4月決算企業で、年払保険料については今年5月と来年4月に2年分支払います。

　5月支払の年払保険料については、5月から4月分の保険料ですから、保険期間に対応した保険料といえます。

　また、来年4月支払の年払保険料については、継続適用を前提とした短期前払費用ですから、2回分の合計額を損金として計上できると思われます。

❺ 給与扱保険料を年度途中で変更すると損金算入できない？

事 例

契約者：法人、被保険者：社長、保険金受取人：社長の遺族、の長期平準定期保険に加入しています。保険料については、社長の給与扱となっています。

この保険料について、期途中で契約転換をすると保険料が変わるので、定期同額給与に該当しなくなるのでしょうか？

また、年払保険料も定期同額給与に該当しないのでしょうか？

回 答

　給与扱保険料は、法人税法施行令第69条第1項第2号の経済的利益の供与に当たり、第1号のように期首から3ヶ月以内に給与改訂という制約がありません。ですから、事業年度途中に契約転換をして保険料を変更しても、定期同額給与に該当します。

　また、年払保険料についても、支出時期でなく役員が現に受ける経済的利益が毎月おおむね一定であるかで判断され、定期同額給与に該当するとされています。

解 説

もし、第1号に定める給与に該当するとなると、生命保険への加入時期は、非常に限定されたものとなってしまいます。第2号を根拠とするので、事業年度途中の見直しでも大丈夫です。

法令通達を読んでみよう

法人税法施行令第69条第1項第2号

　法第34条第1項第1号（役員給与の損金不算入）に規定する政令で定める給与は、次に掲げる給与とする。

二　継続的に供与される経済的な利益のうち、その供与される利益の額が毎月おおむね一定であるもの

法人税基本通達9－2－9（12）

　法第34条第4項《役員給与》及び法第36条《過大な使用人給与の損金不算入》に規定する「債務の免除による利益その他の経済的な利益」とは、次に掲げるもののように、法人がこれらの行為をしたことにより実質的にその役員等（役員及び同条に規定する特殊の関係のある使用人をいう。）に対して給与を支給したと同様の経済的効果をもたらすもの（明らかに株主等の地位に基づいて取得したと認められるもの及び病気見舞、災害見舞等のような純然たる贈与と認められるものを除く。）をいう。

（12）　法人が役員等を被保険者及び保険金受取人とする生命保険契約を締結してその保険料の額の全部又は一部を負担した場合におけるその負担した保険料の額に相当する金額

法人税基本通達9－2－11（5）

　令第69条第1項第2号《定期同額給与の範囲等》に規定する「継続的に供与される経済的な利益のうち、その供与される利益の額が毎月おおむね一定であるもの」とは、その役員が受ける経済的な利益の額が毎月おおむね一定であるものをいうのであるから、例えば、次に掲げるものはこれに該当することに留意する。

（5）　9－2－9の（11）及び（12）に掲げる金額で経常的に負担するもの

6 保険料が給与扱になったら社会保険料にも影響しますか？

事例

今度、社長が給与扱で保険に加入することになりましたが、社会保険料も高くなるのか、心配しています。確か影響はなかったはずだと思いますが？

回答

ご質問のとおり、給与扱保険料は社会保険料に影響がないのが原則です。これに関して、昭和38年2月6日庁保険発第3号通知により、原則報酬に含まないとされています。気になるようでしたら、所轄の年金事務所にご確認ください

通達を読んでみよう

昭和38年2月6日庁保険発第3号

団体養老保険の保険料を事業主が負担している場合、その保険契約によって受ける利益が従業員に及ぶものであっても、当該保険に関する事項について労働協約、給与規則等に一切規定されておらず、事業主が保険契約の当事者となって恩恵的に加入しているような場合には、その事業主が負担する保険料は、報酬には含まれません。

⑦ 保険料が高額だと問題になることがありますか？

事例

　あまり利益の出ていない法人ですが、事業継続に必要と思い、保険料を支払っています。高額だからといって認められないことがあるのでしょうか？

回答

　法人の支払う生命保険料については、税務上「相当」な金額というものはないと思われます。同様に、保険金額にも、「相当」な金額というものはないと思われます。

　ただ、保険契約を解約したときや保険事故が発生したときに、それを原資として支給した退職金や弔慰金、見舞金などの額について過大である、との課税上の判断が行われると思われます。

解説

　法人が生命保険に加入する場合、経営者が被保険者のときには、①事業継続資金作り、②借入金返済資金の確保、③死亡退職金資金や勇退退職金の資金作りなどで、従業員のときには、①福利厚生目的、②退職金資金作りで加入することとなります。その場合、それなりの保険金額が想定されます。

　しかし、これら金額を設定したため契約上問題となることがあったとしても、税務上は支払保険料を損金算入否認とすることがなかなか困難と思われます。否認する根拠となる明確な法令・通達がないからです。

　熊本国税不服審判所の裁決（平成14年6月10日）の中で、所轄税務署が指摘した「本件保険料の金額は、本件被保険者の年間給与額に

比べて異常に高額であり、その必要性及び経済的合理性は認められない」という点に対しては、国税不服審判所は、特に直接的なコメントをしていません。やはり、高額の保険料を支払っていたりしたとしても、「高額だから」といって、直ちに、損金算入を否認することはなかなかやりにくいのではないかと思われます。

法令を読んでみよう

法人税法第34条第2項
　内国法人がその役員に対して支給する給与の額のうち不相当に高額な部分の金額として政令で定める金額は、その内国法人の各事業年度の所得の金額の計算上、損金の額に算入しない。

裁決を読んでみよう

　原処分庁は、本件各生命保険契約に係る保険料の損金算入につき、本件各契約が福利厚生目的で締結されたものでもなく、その必要性及び経済的合理性も認められず、不当に税負担を軽減し適正・公平な課税を困難ならしめるものであるから、法人税法第22条第4項に規定する一般に公正妥当と認められる会計基準とはいえず、形式的には、損金の額に算入することを認める本件各生命保険通達の要件を充たしていても当該通達の適用はできないから、その全額を保険積立金に資産計上すべきである旨主張する。

　しかしながら、本件各生命保険契約を締結しなかった場合と比較した法人税の減少をもって不当な税負担の軽減ということはできず、また、請求人が実質の税負担や解約返戻金を検討した上で本件各契約を締結したことも、経営者としての経営判断であると認められ、さらに、本件各生命保険通達を適用した会計処理は法人税法第22条第4項に規定する一般に公正妥当と認められる会計基準に従ったものであるということができるから、原処分はその全額を取り消すのが相当である。（平14.6.10熊裁（法）平13-24）

8 勤務していない親族の保険料を支払っても大丈夫ですか？

事例

　代表である自分の退職金準備として保険金加入を考えているのですが、健康面で問題があり加入できません。また、役員も同じ状況です。

　ただ、自分の甥は会社に勤務していないのですが、彼を被保険者として契約を締結しても問題ありませんか？

回答

　法人税基本通達９－３－４などの通達では、被保険者として「役員又は使用人（これらの者の親族を含む。）」として挙げられています。文言上は可能とも思われます。

　しかし、法人税法上、保険料を損金に算入するには、その費用が法人の業務遂行上必要なものであることが前提だと思われます。ご質問の場合、甥が保険に加入する合理的理由が必要だと思われます。

解説

　新しい通達でも「役員又は使用人（これらの者の親族を含む。）」の文言は残っています。通達が想定する法人が小規模なもので家族的なものを想定しているのかな、とも思います。従業員やその親族へのお祝いや見舞金などは福利厚生費になり、全額損金になります。

　しかし、税務調査の場面で、法人と関連のない者を被保険者とすると必ず加入理由を確認されますから、やはり、保険に加入する合理的理由（後継者として１年以内に法人に勤務して役員になる等）は必要だと思われます。

第 2 章

保険金で困った!

　思わぬ保険金受取りがあり、「決算の見込数値が大きく変わる」「どうにかならないか」というご質問をいただきます。無理なものは無理なのですが。

1　保険料が全額損金の死亡保険金を受け取りました！

事 例

　不慮の事故で経営者が亡くなってしまいました。事業の継続自体も大変ですが、思わぬ保険金受取りがあり、その取扱いに困っています。

回 答

> 　保険料が全額損金に算入されていた場合、資産計上額がないと思われます（ただし、配当金積立金はあるかもしれません）。
> 　その場合、受け取った保険金総額が雑収入となり、法人税の課税対象となります。

解 説

　ご質問の場合、保険金受取りによる益金算入のタイミングと、経営者遺族への死亡退職金支払いにより損金算入のタイミングを合わせることが重要です。
　早急に株主総会を行い、退職金支給の決議を行うなどの対策が必要です。

② 死亡保険金はいつ益金に算入するのですか？

事例

　6月末決算の法人で、死亡保険金が法人受取になっている契約があります。その契約で6月末に死亡が発生し、7月になって支払があります。

　益金の計上時期は死亡日（当期）ではなく、入金日（翌期）で良いでしょうか？それとも、支払通知日（翌期）でしょうか？

回答

> 　死亡保険金受取の益金算入時期については、
> 　　原則：被保険者の死亡日（6月）
> 　　例外：支払通知日（7月）
> の属する事業年度と考えています。請求日や受取日ではありません。
> 　なお、支払調書は死亡日を基準に作成されます。

解説

　満期保険金については、満期日に益金算入することになっています。

　これに対し、死亡保険金については支払通知日に益金算入する、という考え方があります。

　しかし、死亡保険金については、原則として死亡日に権利が確定します。ただし、死亡原因によっては保険会社による調査が入ることがあります。また、実務的には、代表者死亡により後任を選定するのに時間がかかることもあります。

　それでも原則として被保険者の死亡日と考えるのは、保険金支払時期をずらすことにより、利益操作をしていると課税庁から疑念を持たれないことが必要だからです。

③ 保険金据置は効果がありますか？

事例

令和３年12月に満期を迎える養老保険の福利厚生プランです。

従業員の雇用延長により、しばらく退職金支払いがないので、満期を迎えても、満期保険金は数年据置く予定です。据置時点での経理処理は必要ですか？

回答

生命保険契約と据置契約は別個の契約であり、据置は満期日に支払いを受けるべき権利が確定しているため、据置保険金として洗替処理が必要です。

据置保険金×××　／　保険料積立金×××
　　　　　　　　　　配当金積立金×××
　　　　　　　　　　雑収入×××

解説

据置は、支払われた満期保険金を保険会社に預けるだけで、満期時の収益計上は必要です。

ご質問の場合、令和３年12月の満期日の属する事業年度において、保険料積立金および配当金積立金の資産計上額を取り崩し、満期保険金との差額を雑収入として益金に計上することになります。

4 死亡保険金を年金受取りにしたら経理処理はどうなりますか？

事例

　突然、経営者が死亡して死亡保険金を受け取ることになりました。年金のように受取りを分散すれば、利益を分散できますか？

回答

　法人が保険金を年金で受け取るときの課税関係は、保険金支払事由発生日前に年金特約を設定したのか、支払事由発生日以後に設定したのかにより異なります。

　事前に年金特約を設定していないと、保険金支払事由発生時に収益の認識が必要になりますのでご注意ください。

解説

（1）支払事由発生日前に年金特約を設定した場合

①保険金の支払事由が発生した場合

　資産計上額をいったん取崩用の勘定科目である年金積立保険料勘定に振り替えてから、取り崩すこととなります。

　　　　年金積立保険料×××　／　保険料積立金×××
　　　　　　　　　　　　　　　　配当金積立金×××

②年金受け取った場合

　受取年金額を当座預金勘定で受け入れる一方、年金積立保険料勘定残高のうち、受取年金額に対応する金額を取り崩し、差額を雑収入又は雑損失とします。

　　　　当座預金×××　／　年金積立保険料×××
　　　　　　　　　　　　　雑収入　　　　×××

（2）支払事由発生日以後に年金特約を設定した場合

①保険金の支払事由が発生した場合

　受取額を未収金計上して、貸方は、保険料積立金勘定や配当金積立金勘定の残高を取崩し、差額を、雑収入又は雑損失とします。

　　未収金×××　　／　保険料積立金×××

　　　　　　　　　　　　配当金積立金×××

　　　　　　　　　　　　雑収入　　　×××

②年金を受け取った場合

　受取年金額を当座預金勘定などで受け入れる一方、未収金勘定のうち、受取年金額に対応する金額を取り崩し、差額があれば、雑収入又は雑損失とします。

　　　　　当座預金×××　　／　　未収金×××

　　　　　　　　　　　　　　　　　雑収入×××

　上記取扱いは、平成15年12月15日の国税庁の連絡によっています。

　これによると、支払事由発生日前に年金特約を設定した場合は、年金受取りの都度、益金に算入するのですが、支払事由発生時にまとめて益金算入することもできます。

　しかし、支払事由発生日以後に年金特約を設定した場合は、年金はあくまでも保険金の分割払として取り扱われます。

⑤ リビングニーズ特約保険金を受け取った場合の経理処理は？

事例

法人で長期平準定期保険に加入しています。社長が入院して資金繰りが大変になったのでリビングニーズ特約保険金を受け取ろうと思っています。個人と同じく、受け取った保険金は非課税という理解でいいでしょうか？

回答

ご質問の場合、特約により、リビングニーズ特約保険金の受取人は法人になります。その場合、個人のように非課税になるのではなく、受け取った保険金額に対応する前払保険料を取り崩す経理処理が必要となります。

解説

国税庁の質疑応答事例に、特約による生前給付金は、死亡保険金の前払的な性格を有しているとされます。ですから、保険金額の減額と同様、資産計上額のうち、その受取額に対応する金額を取り崩す経理処理になるものと思います。

第 **3** 章

契約見直し等で困った！

保険契約は保障の内容もそうですが、契約者も変更されて、それを追いかけるのが大変です。

きちんとした経理処理が望ましいのですが、そうでない場合のご相談が多いです。

1 契約転換をすると税金はかかりますか？

事例

X社は、社長の契約を見直そうと考えています。法人の場合、見直しのタイミングで雑収入が出て、決算に影響すると言われて困っています。そもそも、契約転換をすると、税金はかかりますか？

回答

法人税基本通達９－３－７により、保障見直し日の属する事業年度で経理処理することになります。

逓増定期保険から長期平準定期保険に見直しをする場合、以下の経理処理（例）になり、雑収入または雑損失は発生すると思われます。

前払保険料 ××× ／ 前払保険料 ×××
配当金積立金×××
雑収入 ×××

解 説

　保障見直し前の資産計上額を全額取崩し、それを原資に保障見直し後の契約に充当する経理処理が必要になります。その差額としての雑収入又は雑損失は発生せざるをえないと思われます。

　なお、新通達適用日後の契約転換の保険料については、新通達の取扱いによります。

　また、転換後の前払保険料勘定については、保険期間満了日まで、期間の経過に応じて取り崩します。

通達を読んでみよう

法人税基本通達9－3－7

　法人がいわゆる契約転換制度によりその加入している養老保険、定期保険、第三分野保険又は定期付養老保険等を他の養老保険、定期保険、第三分野保険又は定期付養老保険等（以下「転換後契約」という。）に転換した場合には、資産に計上している保険料の額（以下「資産計上額」という。）のうち、転換後契約の責任準備金に充当される部分の金額（以下「充当額」という。）を超える部分の金額をその転換をした日の属する事業年度の損金の額に算入することができるものとする。この場合において、資産計上額のうち充当額に相当する部分の金額については、その転換のあった日に保険料の一時払いをしたものとして、転換後契約の内容に応じて9－3－4から9－3－6の2までの例（ただし、9－3－5の2の表の資産計上期間の欄の（注）を除く。）による。

② 契約を払済にすると決算に影響はありますか？

事例

　保険料の支払いが厳しくなってきたので、保障は少なくなってもいいので、払済保険にしたいと思います。

　払済保険にすると決算に影響はありますか？

回答

　払済保険の場合、保険料の支払いはなくなりますが、原則として洗替処理が必要なので、益金または損金が発生する可能性があります。

解説

　ご質問の件は、法人税基本通達９－３－７の２により、法人が既に加入している生命保険を払済保険に変更した場合には、原則として、解約返戻金相当額により再評価し、洗替処理することが要請されています。

　すなわち、その変更時における解約返戻金相当額と資産計上額との差額を、益金又は損金に算入します。

　ただし、生命保険の保険料の全額が給与扱となっている契約については、払済に変更しても再評価はしません。

　また、養老保険、終身保険、定期保険、第三分野及び年金保険（特約が付加されていないものに限る。）から同種類の払済保険に変更した場合には、既往の資産計上額を再評価し、洗替処理するか、保険事故の発生又は解約失効等により契約が終了するまでそのまま計上しておくかは、法人の任意とされています。

　なお、保険会社の中には、定期保険から定期保険への払済を認めている会社があるようです。この場合、新通達適用後は、定期保険を同種類の定期保険へ払済にした場合に限って洗替が不要になるとされています。

　例えば、逓増定期保険を払済にしても同種類の逓増定期保険にはならないので、洗替は必要とされます。

通達を読んでみよう

<u>法人税基本通達９－３－７の２（抜すい）</u>

　法人が既に加入している生命保険をいわゆる払済保険に変更した場合には、原則として、その変更時における解約返戻金相当額とその保険契約により資産に計上している保険料の額との差額を、その変更した日の属する事業年度の益金の額又は損金の額に算入する。ただし、既に加入している生命保険の保険料の全額（特約に係る保険料を除く。）が役員又は使用人に対する給与となる場合は、この限りでない。

（注）１　養老保険、終身保険、定期保険、第三分野保険及び年金保険（特約が付加されていないものに限る。）から同種類の払済保険に変更した場合に、本文の取扱いを適用せずに、既往の資産計上額を保険事故の発生又は解約失効等により契約が終了するまで計上しているときは、これを認める。

❸ 保険金額を減額しました！

事例

　新しい通達のもとで加入した保険金額5,000万円の長期平準定期保険を1,000万円に減額しました。減額払戻金をどのように経理処理しますか？

回答

> 　法人が契約を減額した場合、以下の割合の資産を取り崩します。
>
> 資産取崩額＝減額前の保険料での資産計上額―減額後の保険料での資産計上額
> 　経理処理（例）としては、
> 　　　　当座預金　×××　　　　　／　　前払保険料　×××
> 　　　　雑損失　　×××（差額）
> と処理され、未経過保険料についても当座預金に含まれ精算されます。
> 　また、配当金積立金についてはそのまま引き継ぎますから、経理処理は不要です。
> 　なお、新しい通達より前の契約ならば、資産計上残高を保険金の減額する割合で取り崩します。

解説

　法人契約の減額は、個人契約の減額と考え方が異なります。法人契約は上記のように考えますが、個人契約は減額払戻金と支払保険料総額を比較して、一時所得の額を決めます。

　（減額払戻金－払込保険料総額－特別控除（50万円を上限））÷2、を一時所得として他の所得と合算

④ 契約者貸付は返さなくてもいいのですか？

事例

　養老保険（2分の1損金タイプ）の契約において、契約貸付後に返済をしないまま払済保険にした場合、経理処理はどのようになるのでしょうか。

回答

> 　　　保険料積立金×××　／　保険料積立金×××
> 　　　保険借入金×××　　／　雑収入×××
> 　　　支払利息×××
> と保険借入金、支払利息を返済したものとして、解約返戻金相当額から精算した残額を、新たに保険料積立金として資産計上します。配当金積立金はそのまま引き継ぎます。

解説

　個人契約の契約者貸付の取扱いは、保険契約者と受取人との関係で課税関係が複雑なのですが、法人契約の場合は返済したものと考えるので、意外とシンプルです。

⑤ 解約返戻金はいつ益金に算入するのですか？

事例

決算の都合があり、法人契約の終身保険を解約しました。どのタイミングで益金計上すればいいですか？

回答

解約時には、以下の経理処理を行います。

　　当座預金×××　　／　保険料積立金×××（帳簿価額）
　　　　　　　　　　　　　配当金積立金×××（帳簿価額）
　　　　　　　　　　　　　雑収入×××（差額）

上記金額には、年払保険料の未経過保険料も含み、資産計上額をすべて取り崩します。

なお、経理処理をするのは、保険会社に解約に関する必要書類を提出した日です。

解説

解約返戻金の益金算入時期は、権利確定主義に基づき、解約返戻金を受け取る権利が確定した日となります。

契約者に解約請求権がありますから、原則、保険会社に解約に関する必要書類を提出した日（到達主義、民法第97条第1項）とされています。

⑥ 失効していた契約を復活させました！

事例

　長期平準定期保険を失効させた場合、失効時点での法人の経理処理は必要ですか？また、解約した場合はどうですか？

　また、その後、復活させた場合、まとめて支払った保険料はどう処理しますか？

回答

　失効とは、法的には保険契約が効力を停止することをいいます。しかし、保険契約者は、約款上、解約返戻金がある場合には解約返戻金を請求する権利があります。

　ですから、実務上失効時点では経理処理は不要とされますが、実際に解約することが決まった時点で、以下の経理処理（例）を行います。

```
当座預金　×××　　／　前払保険料 ×××
（又は未収金）　　　　　配当金積立金 ×××
　　　　　　　　　　　　雑収入　　　×××
```

　なお、復活のため保険料をまとめて保険会社に支払った場合、当年度の保険料として経理処理することになると思われます。

解説

　上記取扱いについては、通達等の明確な根拠規程はありません。しかし、当該保険契約の維持のため必要な費用として、支出した年度の保険料として経理処理できると思われます。

7 受取人の変更は経理処理が必要ですか？

事例

　契約者は法人のままで、死亡保険金受取人のみ、法人から被保険者の遺族に変更した場合の取扱いはどうなりますか？

回答

　死亡保険金の受取人の変更だけでは、法人での経理処理は不要と考えております。ただし、この点につきましては、争いがありますので、所轄税務署に確認が必要な事例です。

解説

　生命保険については、現在の解約返戻金請求権と、将来の保険事故発生時の死亡保険金請求権から構成されているものと思われます。

　そのように理解しますと、死亡保険金受取人が変更しても、死亡保険金請求権に変更があるものの、解約返戻金請求権には変更がありません。

　この点、法人としては死亡保険金に対する権利を失うので、計上してあった保険料積立金等を取り崩す、同時に、解約返戻金相当額で被保険者に対する給与報酬にする、という考え方もあります。

　しかし、この解約返戻金請求権を持つ者は法人のままであり、また、被保険者が死亡した場合にはじめてその遺族が保険金請求権を取得するものであることから考えると、受取人変更時点での課税は不要ではないかと思われます。

第 **4** 章

役員退職慰労金で困った!

　ご質問が多くて、かつ、取扱いを間違えると影響が大きいのが役員退職慰労金です。しかも、いくらの役員退職金や見舞金が適正なのかが、よくわからないのが実情です。

1 適正な役員退職金額はどうやって計算するのですか?

事例

　役員退職金を支払うにあたり、適正な退職金の計算方法はありますか?

　役員退職金ぐらいは自由に決めたいのですが、だめでしょうか?

回答

　一般的に役員退職金は、最終報酬月額×役員在任年数×功績倍率で計算します。これは、退任時の最終報酬月額が、その役員の会社に対する貢献を適切に反映しているという前提にたっています。判例等も含め、この方法によるのが一般的です。

解説

　企業がいくら役員退職金を支払うかは、定款の定めや株主総会決議があれば企業の自由です(会社法第361条第1項)。

　ただ、①業務に従事した期間　②退職の事情　③同業類似法人の役員に対する退職給与の支給状況等、から適正額とされる金額を超える部分は賞与とされ、損金に算入されません(法人税法第34条第2項、法人税法施行令第70条第2項)。

　ただし、過大とされた場合でも、受け取った役員は、全額退職所得となり、（退職金額—退職所得控除額）×1／2が分離課税されます（勤続5年以下の役員を除く）。

　損金算入されなくても、役員に多額の退職金を支払うという経営判断はありえると思います。

　また、役員退職金額が適正額かどうかは、企業には判断できません。判断できるのは課税庁だけです。

　なお、この適正額は、保険会社がいう功労加算も含めた金額で判断します。功労加算は別枠ではありません。

　最終報酬月額が業績等の事情により低く設定されている場合、時間をかけて元の報酬に戻すのが望ましいですが、そうできない場合、
①最終報酬月額のかわりに最高報酬月額を使う（報酬を減額した理由の説明が必要）
②在任年数1年あたり平均額法（ただし、類似する会社の平均的な退職金データの入手が困難）
などが考えられます。

法令を読んでみよう

会社法第361条第1項
　取締役の報酬、賞与その他の職務執行の対価として株式会社から受ける財産上の利益についての次に掲げる事項は、定款に当該事項を定めていないときは、株主総会の決議によって定める。

法人税法第34条第2項
　内国法人がその役員に対して支給する給与の額のうち不相当に高額な部分の金額として政令で定める金額は、その内国法人の各事業年度の所得の金額の計算上、損金の額に算入しない。

法人税法施行令第70条第1項第2号

　法第34条第2項（役員給与の損金不算入）に規定する政令で定める金額
は、次に掲げる金額の合計額とする。

　二　内国法人が各事業年度においてその退職した役員に対して支給した
　　　退職給与の額が、当該役員のその内国法人の業務に従事した期間、そ
　　　の退職の事情、その内国法人と同種の事業を営む法人でその事業規模
　　　が類似するものの役員に対する退職給与の支給の状況等に照らし、そ
　　　の退職した役員に対する退職給与として相当であると認められる金額
　　　を超える場合におけるその超える部分の金額

② 死亡保険金をそのまま死亡退職金にしたいのですが？

事例

　役員退職金規程に規定されていれば、死亡保険金をそのまま死亡退職金として支給できますか？

回答

> 　残念ながら、法人が受け取る死亡保険金の額と適正とされる役員退職金の額は一致しません。東京高裁平成元年1月23日判決などの下級審の判決があります。

解説

　判決では、企業が役員の死亡に係る保険金額と同額を役員退職金として支給したが、受取保険金は役員退職金の適正額とは別個で考えるべきであり、受取保険金が当該役員の退職金の適正額より多額であると認められる部分は、役員の死亡により会社の受ける経営上の損失の塡補のために会社に留保されるべきものとされた事例です。

　考えてみれば、想定された勇退時期に合わせて死亡保険金を設定した場合、それより早い時期に保険事故が発生すれば、死亡保険金のほうが退職金額を上回ることは当然起こりうると思われます。ですから、入金された金額と役員退職金の適正額の間に関係はない場合が多く、役員退職金が過大かどうかは、その金額自体で判断されるべきものです。

③ 分掌変更による役員退職金支払いは大丈夫ですか？

事例

　現在社長を勤める人物が会長へ退く予定があります。

　社長から会長となった際に、一旦、役員退職金を受け取る予定です。その数年後、会長から完全に退職する際にも退職金を取りたいとの意向があります。どちらも退職金として取り扱えますか？

回答

　法人税基本通達９－２－32の役員の分掌変更とその後の完全退職に関するご質問と思われます。

　通達の例示では、社長から非常勤の会長になり、給与も激減（50％以上減少）した場合、会長に就任していても社長退任時に１回目の退職金がもらえると読めます。

　しかし、税務当局はあくまでも実質的に退職したと同様の事情を求めています。会長になっても業務実態から判断して、まだ、経営的地位にあるものとして退職金の支払いを否認されることもあります。

　なお、経営的地位と大株主の関係については、一切業務を行っていなければ、大株主であっても分掌変更による退職を認められた判決があります。

解説

　いわゆる、みなし退職は税務調査において否認される事例も多いので、既契約先の顧問税理士と相談しながら、実質的に退職したと同様と認められるか、慎重に対応された方がいいと思われます。

通達を読んでみよう

法人税基本通達9－2－32

　法人が役員の分掌変更又は改選による再任等に際しその役員に対し退職給与として支給した給与については、その支給が、例えば次に掲げるような事実があったことによるものであるなど、その分掌変更等によりその役員としての地位又は職務の内容が激変し、実質的に退職したと同様の事情にあると認められることによるものである場合には、これを退職給与として取り扱うことができる。

（1）　常勤役員が非常勤役員（常時勤務していないものであっても代表権を有する者及び代表権は有しないが実質的にその法人の経営上主要な地位を占めていると認められる者を除く。）になったこと。

（2）　取締役が監査役（監査役でありながら実質的にその法人の経営上主要な地位を占めていると認められる者及びその法人の株主等で令第71条第1項第5号《使用人兼務役員とされない役員》に掲げる要件の全てを満たしている者を除く。）になったこと。

（3）　分掌変更等の後におけるその役員（その分掌変更等の後においてもその法人の経営上主要な地位を占めていると認められる者を除く。）の給与が激減（おおむね50％以上の減少）したこと。

（注）　本文の「退職給与として支給した給与」には、原則として、法人が未払金等に計上した場合の当該未払金等の額は含まれない。

判決を読んでみよう

東京地方裁判所平成20年6月27日判決

判示事項

　確かに、納税者は役員の分掌変更の前後を通じて原告会社の発行済株式の35％を所有する筆頭株主ではあるものの、原告会社の発行済株式は、その全部を同居する家族がその出資割合に応じた比率のまま所有していることなどに照らすと、原告会社において、役員が経営上の方針等について、その株式の所有割合に応じた影響力又は発言力を有しているとは認め難く、

また、納税者は原告会社において、役員としてはおろか、従業員としても一切の業務を行っていない状態になったのであって、仮に、納税者が筆頭株主として原告会社に対して何らかの影響を与え得るとしても、それは、飽くまで株主の立場からその議決権等を通じて間接的に与え得るにすぎず、役員の立場に基づくものでないから、株式会社における株主と役員の責任、地位及び権限等の違いに照らすと、上記のような株式保有割合の状況は、納税者が原告会社を実質的に退職したと同様の事情にあると認めることの妨げとはならないとされた事例

4 見舞金はどのくらいの水準ならいいのですか？

事例

　従業員を被保険者とする医療保険やがん保険で、保険金受取を法人にすると保険金が法人に入ってきます。

　そこから法人が見舞金として従業員に払う場合、社会通念上相当な額とは、いくらなのでしょうか？

回答

　ご質問のとおり、見舞金として福利厚生費にできる金額には、社会通念上相当という限度があります。

　しかし金額いくらというはっきりとした基準はありません。新しい裁決例はなく、１入院５万円（平成14年６月13日裁決、裁決事例集No.63 P309）とか、１ケ月間入院しても15万円が限度とされています。

解説

　法人が役員や従業員に対して金銭の贈与をしたとき、税務上、それは経済的な利益の供与をしたものと考え、実質的には給与の支給をしたと同様のものであるとして取り扱われることとなります。

　ただし、病気などの際の見舞金は除外され、給与課税とはなりません。これは、その金額がその者の社会的地位、法人との関係などに照らし、「社会通念上相当」と認められるレベルのものに限られます。

　一般に、慶弔に際し支払われる金品に要する費用の額は、地域性及びその法人の営む業種、規模により影響されるため、見舞金も同様と考えられます。また、見舞金は、本来、保険による給付金等を勘案して決められるべきものではありません。

⑤ 役員退職金を分割して支払いたいのですが？

事例

　お客様より多額となる役員退職金を分割で支払いたいとの話を受けました。以下の点についてご教示いただけますでしょうか。

①　退職金の分割支払いは可能でしょうか？

②　その場合、法人の会計上の処理は毎年支払った分だけ損金計上が可能でしょうか？

③　その場合、毎年受け取る退職金は退職所得控除、2分の1課税、分離課税、社会保険料対象外のメリットは享受できるのでしょうか？

回答

　①②は可能とされます。株主総会で退職金を支給時期と金額を明確にして分割支払する決議をします。通常3年以下の分割とされます。

　法人が役員に支給する退職金で相当な額は、損金の額に算入されます。その退職金の損金算入時期は、原則として、株主総会等の決議によって退職金の額が具体的に確定した日の属する事業年度となります。ただし、法人が退職金を実際に支払った事業年度において、損金経理をした場合は、その支払った事業年度において損金の額に算入することも認められます（法人税基本通達9－2－28）。

　③は総会決議のあった年の所得として認識することになっています。

　なお、実際の処理としては、支給総額が確定した段階で源泉徴収すべき所得税額の総額が確定され、分割支給を受ける場合には、その支給を受ける金額に比例して源泉徴収税額も分割徴収することになります。

通達を読んでみよう

法人税基本通達９－２－28

　退職した役員に対する退職給与の額の損金算入の時期は、株主総会の決議等によりその額が具体的に確定した日の属する事業年度とする。ただし、法人がその退職給与の額を支払った日の属する事業年度においてその支払った額につき損金経理をした場合には、これを認める。

第 5 章

従業員退職金で困った!

通達改正があり、質問が急増したのが養老保険を利用した福利厚生プランです。貯蓄性も高く、いい商品だと思います。

ただし、退職金規程の内枠で、きちんと制度導入時に決裁をとり、加入や脱退の事務をしっかり運営することが求められます。

1 養老保険を使った従業員退職金準備があると聞きました!

事例

従業員の退職金を養老保険で準備したらいい、と聞きました。どんな準備方法ですか?

回答

契約者を法人として、被保険者を従業員全員（役員も加入できます）、満期保険金受取人を法人、死亡保険金受取人を従業員の遺族、として養老保険に加入します。

保険期間を従業員の定年にあわせ（65歳満期等）、退職金規程（この規程は必須です）の内枠で一定額を準備します。

この場合、支払った保険料の2分の1は保険料積立金、2分の1は福利厚生費となります。

解説

確定給付企業年金、確定拠出年金、中退共など保険料が全額損金になる制度もありますが中小法人にとって、養老保険を使った方が、死亡保障が充実し、資金的に柔軟に対応できると言われています。

　ただし、福利厚生プランは従業員の福利厚生目的の制度ですから、必ず全従業員に加入の機会を与えないといけません。

　また、役員も加入できますが、経済的利益目的といわれないように注意が必要です。

　なお、令和４年分以後の役員以外の従業員の勤続５年以下の退職の場合、退職所得控除額を控除した残額のうち、300万円を超える部分については２分の１課税を適用しないことになりました（役員については、平成24年税制改正で、勤続５年以下の場合、全額２分の１課税されないこととなっています）。

通達を読んでみよう

法人税基本通達９－３－４（３）

　法人が、自己を契約者とし、役員又は使用人（これらの者の親族を含む。）を被保険者とする養老保険に加入してその保険料を支払った場合には、その支払った保険料の額については、次に掲げる場合の区分に応じ、それぞれ次により取り扱うものとする。

（３）　死亡保険金の受取人が被保険者の遺族で、生存保険金の受取人が当該法人である場合　その支払った保険料の額のうち、その２分の１に相当する金額は（１）により資産に計上し、残額は期間の経過に応じて損金の額に算入する。ただし、役員又は部課長その他特定の使用人（これらの者の親族を含む。）のみを被保険者としている場合には、当該残額は、当該役員又は使用人に対する給与とする。

② 全員加入といわれても加入できない人がいます！

事例

保険金額1人当たり500万円の養老保険の加入について検討しています。

従業員を全員加入させたいのですが、1人だけ健康状態が悪く加入できない人がいます。どうしたらいいですか？

回答

> ご質問の場合、養老保険の加入について機会を与えられたにも関わらず、健康状態が悪く加入できない状態です。代替的方法があればいいのですが、なくてこの方の加入を見送っても、退職金規程の内枠ならばやむをえないと思われます。

解説

養老保険は、普遍的加入と言って、その法人の全ての従業員が加入できる必要があります。

ただ、合理的な基準があれば、全員が加入していなくても普遍的加入とみなされます。例えば、「勤続3年以上の者を対象」、「25歳以上の従業員を対象」などですが、「主任以上の者を対象」は認められません。全員が必ずしも「主任以上」になれるわけではないからです。

裁決を読んでみよう

> 請求人は、本件養老保険契約に係る被保険者について、1）勤続年数15年以上、2）年齢40歳以上、3）定年までの定着度の各要件を総合勘案して、各職種より選定した旨主張するが、1名のやむを得ない例外を除いては主任以上の全従業員が被保険者となっており、保険加入の対象者として主任以上の基準を設けていたことが推認される。

　ところで、請求人においては、主任とは役職名の一つであつて、役職の任免は請求人の業務運営上の必要に応じて行われるものとされており、必ずしもすべての従事員が主任以上の役付者になれるとは限らず、また、課長又は主任に任命されていない者で勤続年数15年以上かつ年齢40歳以上の者が３人認められることからみると、全従業員がその恩恵に浴する機会を与えられているとは認められない。

　したがつて、本件保険契約については、全従業員がその恩恵に浴する機会が与えられているとは認められず、支払った保険料は被保険者に対する給与とすることが相当である。（平５．8.24裁決、裁決事例集No46P177）

③ 別の保険から養老保険に切り替えても大丈夫ですか？

事例

　現在、他社で長期平準定期保険に従業員を全員の加入させています。新規の6名の従業員の保険加入を弊社の養老保険に切り替えた場合、2分の1損金算入の処理は可能ですか？

回答

　法人税基本通達9－3－4の2分の1損金算入は、養老保険だけで判断します。追加だけ養老保険の場合は認められません。

　ただし、退職金規程を変更して、今後養老保険のみで付保していくならば損金算入が認められる可能性はあると思われます。

解説

　この種の質問が増えました。現在の長期平準定期保険より養老保険のほうが従業員の福利厚生目的に資するのか、しっかりと考えて制度設計をする必要があります。がん保険からの切り替えも同様です。

　そして、退職金規程を全面的に変更して、今後の退職金準備を養老保険に切り替えるのが死亡保険金受取りが確実に従業員になる等、従業員の福利厚生目的に合致すれば、制度変更は可能だと思われます。

④ 同族会社は養老保険を損金算入できないと言われました！

事例

　福利厚生プランの養老保険について、所得税基本通達36−31に「同族会社について役員・従業員の大部分が同族関係者である場合には2分の1損金部分は給与として取り扱われる」とありますが、具体的に大部分というのは、何割以上になりますか？半数以上でしょうか？

回答

　ご質問の件は定まった回答がないのが実情です。通達にいう「大部分が同族関係者」は8割という見解もあります。

　ただ、同族関係者分も含めて保険料の2分の1を福利厚生費として損金算入するには少なくとも非同族関係者は5割超の必要があると考えています。

通達を読んでみよう

所得税基本通達36−31（抜すい）

　使用者が、自己を契約者とし、役員又は使用人（これらの者の親族を含む。）を被保険者とする養老保険に加入してその保険料を支払ったことにより当該役員又は使用人が受ける経済的利益については、次に掲げる場合の区分に応じ、それぞれ次により取り扱うものとする。

（3）　死亡保険金の受取人が被保険者の遺族で、生存保険金の受取人が当該使用者である場合　当該役員又は使用人が受ける経済的利益はないものとする。ただし、役員又は特定の使用人（これらの者の親族を含む。）のみを被保険者としている場合には、その支払った保険料の額のうち、その2分の1に相当する金額は、当該役員又は使用人に対する給与等とする。

（注）2　上記（3）のただし書については、次によることに留意する。

（1）　保険加入の対象とする役員又は使用人について、加入資格の有無、保険金額等に格差が設けられている場合であっても、それが職種、年齢、勤続年数等に応ずる合理的な基準により、普遍的に設けられた格差であると認められるときは、ただし書を適用しない。

（2）　役員又は使用人の全部又は大部分が同族関係者である法人については、たとえその役員又は使用人の全部を対象として保険に加入する場合であっても、その同族関係者である役員又は使用人については、ただし書を適用する。

裁決を読んでみよう

　請求人は、請求人を契約者及び生存保険金の受取人とし、請求人の役員及び使用人を被保険者、被保険者の遺族を死亡保険金の受取人とする養老保険契約について、役員及び使用人の福利厚生の一環として加入したものであり、特定の者に恩恵を与えるような恣意的なものとはいえないから、請求人の役員又は使用人の全部が同族関係者であるとしても、当該養老保険契約の保険料のうち死亡保険金に係る部分は福利厚生費であるとして、本件納税告知処分が違法である旨主張する。

　ところで、所得税基本通達36－31（注）2の（2）は、役員又は使用人の全部又は大部分が同族関係者である法人が養老保険に加入した場合について、たとえその役員又は使用人の全部を対象として保険に加入する場合であっても、その同族関係者である役員及び使用人については、その支払った保険料の2分の1に相当する金額（死亡保険金部分）は当該役員及び使用人に対する給与等とする旨定めているが、その趣旨は、当該法人においては、当該法人の同族関係者によって経営の支配権が確立され当該法人の同族関係者自らが養老保険の加入の要否及び保険金額等を決定する権限、すなわち養老保険契約の加入に伴う経済的利益の供与を決定する権限を有していることから、当該法人が支払う養老保険の保険料にはもはや従業員の受動的利益であるはずの福利厚生費の性格が欠如し、福利厚生を目的と

した使用者側の業務上の要請による支出とは認められず、同族関係者が、専ら当該経済的利益を自ら受益するために養老保険に加入していると認められることから、当該法人が支払った保険料は同族関係者に対する給与として課税するというものであり、このような取扱いは当審判所においても相当なものとして是認できる。そうすると、請求人が加入した上記養老保険の保険料のうち死亡保険金に係る部分は請求人の役員及び使用人に対する給与と認められるから、本件納税告知処分は適法である。（平18.10.17東裁（諸）平18-67）

5 福利厚生プランを否認されないためには！

事例

　保険金額について代表者は5,000万円、従業員500万円の全員加入の養老保険を検討しています。役員と従業員では業務上の責任の差から保険金額に大きな差をつけています。このような事情の下では、格差がついていても損金算入が認められるものでしょうか。

回答

　ご存じのとおり、役員と従業員の格差倍率については、明文の法令・通達等はありません。しかし、平成27年の裁決事例で10倍の格差を否認された事例があります。

解説

　上記裁決は、①役員退職金規程がない、②役員加入時の決裁がない、③途中から従業員部分を養老保険からがん保険に切り替えた等の特別な事情がありました。

　そして、医療法人の理事長・常務理事と従業員との間の死亡保険金額10倍の格差について、理事長が経営への従事や借入金の保証人になっているなど他の従業員と質的に異なる責任を負っているとしても、それは給与等で処遇すればよく、保険金額に大きな格差を設ける合理的な根拠にはならない、としました。

　ただ、役員と従業員の格差倍率は5倍までというのも根拠がなく、個別に判断が必要だと思っています。

裁決を読んでみよう

　請求人は、同人が契約者として締結した、理事長等を被保険者とする養老保険契約（本件各保険契約）の死亡保険金について、従業員を被保険者とする保険契約の死亡保険金に比して多額であるが、格差が存する理由として、理事長等が病院の経営に生涯責任を持ち、請求人の借入金の保証人になっているため、所得税基本通達36－31の（注）2の（1）に定める「保険加入の対象とする役員又は使用人について、加入資格の有無、保険金額等に格差が設けられている場合」に該当し、本件通達の（3）ただし書に定める「役員…のみを被保険者としている場合」に該当しないこととなるため、本件各保険契約に基づき請求人が支払う保険料（本件各保険料）の2分の1に相当する金額は理事長等に対する給与等には該当しない旨主張する。しかしながら、理事長等は従業員とは質的に異なる重い責任を負っているということができるものの、本件通達の趣旨や「職種、年齢、勤続年数等」という列挙事由に照らせば、他に特別の事情のない限り、福利厚生を目的として、死亡保険金に大きな格差を設けることの合理的な根拠にはならないというべきである。さらに、本件各契約は、請求人の福利厚生規定に定めたりすることなく理事長等の判断だけで締結されていることからすれば、理事長等は自らが本件各保険契約による経済的利益を受ける目的で締結したものと評価せざるを得ず、本件各保険料の死亡保険金に係る部分には、もはや一種の福利厚生費としての性格が欠如していると言え、本件通達の（注）2の（1）に定める「職種、年齢、勤続年数等に応ずる合理的な基準により、普遍的に設けられた格差であると認められるとき」には該当しないというべきであり、本件通達の（3）ただし書に定める「役員…のみを被保険者としている場合」に該当すると評価できるから、本件各保険料の2分の1に相当する金額は理事長等に対する給与等に該当する。
（平27.6.19 名裁（諸）平26-44）

〈こんな点に留意してください〉

①　全従業員が加入できるという福利厚生目的であること。

②　受け取る保険金等を、将来の退職金の原資にあてる旨の規程があること。

③　契約締結後の新入社員の加入手続き及び退職社員の解約手続きなどを確実に行う必要があること。

④　退職金等の受給資格のない者について加入させてはいけない（パート従業員でも、福利厚生の対象であれば、加入可能）。

⑤　「年齢、勤続年数等に応ずる合理的な基準」により普遍的に設けられた格差なら大丈夫

　・入社3年以上の者は、全員加入

　・満30歳以上の者は、全員加入

⑥　「職種に応ずる合理的な基準」により普遍的に設けられた格差なら大丈夫

　・運転手、助手並びに営業部員を対象。事務職員を対象外。

⑦　各従業員の基本給及び勤続年数から予測される退職金の額を超える保険金額（1.9倍）は、福利厚生目的がないとされた（平成28年4月20日広島高裁判決）。

⑧　各従業員の退職年齢を考慮した保険期間であるか（加入期間のばらつきは容認される場合がある）。

⑨　保険期間5年となると、福利厚生目的ではなく、投資目的とみられる可能性が高い。

⑩　全員加入であれば、保険会社が複数でもよい。

⑪　払済は理由が必要。払済にするなら全員払済にすべき。どうしても一部払済にするなら残りの契約は死亡保険金受取人を法人として資産計上すべき。

⑫　全従業員が1人でも加入可能と思われるが、退職金規程作成などの諸手続がしっかり行われていることが必要。

6 逆ハーフタックスプランは今どうなっていますか？

事例

　過去販売されていた、いわゆる「逆ハーフタックスプラン」で、契約者：法人、被保険者：社長、死亡保険金受取人：法人、満期保険金受取人：社長、という契約があります。

①死亡保険金を法人が受け取ると、どのような経理処理となりますか？ ※現在、保険料の半分は支払保険料として損金算入、半分は社長の給与として損金算入しています。

②期間の途中で受取人変更（死亡時：被保険者の遺族、満期時：法人）をする場合、変更時点で経理処理は発生しますか？

回答

　逆ハーフタックスプランの場合、判例・通達等で明確に経理処理を定めたものはありません。個別に所轄税務署にご確認いただくことになります。

　なお、法人では以下のような経理処理（例）をされると思われます。

①死亡保険金を法人が受け取った場合

　資産計上額がないので、受取金額全額を益金算入します。

　　　　　当座預金　×××　／　雑収入　×××

②受取人変更した場合

　変更時点では経理処理は発生せず、将来にむかって変更することになると思われます。

解 説

　最近はあまり質問がありませんが、数年前までは結構ご質問があり
ました。現在、新規の販売はされていないと思われます。

　また、新しい通達でも、9－3－4に逆ハーフタックスプランにつ
いての追加はありませんでした。

　なお、最高裁平成24年1月13日判決などでは、必要経費は給与課
税された部分のみという判断は示されましたが、保険料の取扱いに関
しては判断されていません。基本的に、課税庁に個別照会が必要な事
例と思われます。

⑦ 従業員の遺族が保険金を受け取った時は？

事例

　福利厚生プランで、従業員の遺族が受け取る保険金は、死亡保険金としての非課税限度の対象になるのでしょうか？それとも、死亡退職金としての非課税限度の対象になるのでしょうか？

回答

　その法人の退職金規程がどう規定しているかによります。それ次第です。

解説

　その法人が退職金規程で、養老保険による死亡保険金を退職金の一部として規定しているのならば、死亡退職金として取り扱われ、死亡退職金の非課税限度（500万円×法定相続人の数、相続税法第12条第1項第6号）の対象となります。そうでなければ、死亡保険金として取り扱われ、死亡保険金の非課税限度（500万円×法定相続人の数、相続税法第12条第1項第5号）の対象となります。

法令通達を読んでみよう

相続税法基本通達3-17（抜すい）

　雇用主がその従業員（役員を含む。以下同じ。）のためにその者（その者の配偶者その他の親族を含む。）を被保険者とする生命保険契約又はこれらの者の身体を保険の目的とする損害保険契約に係る保険料の全部又は一部を負担している場合において、保険事故の発生により従業員その他の者が当該契約に係る保険金を取得したときの取扱いは、次に掲げる場合の区分に応じ、それぞれ次によるものとする。ただし、雇用主が当該保険金を従

業員の退職手当金等として支給することとしている場合には、当該保険金は法第 3 条第 1 項第 2 号に掲げる退職手当金等に該当するものとし、この取扱いを適用しない。

（1）　従業員の死亡を保険事故としてその相続人その他の者が当該保険金を取得した場合　雇用主が負担した保険料は、当該従業員が負担していたものとして、当該保険料に対応する部分については、法第 3 条第 1 項第 1 号の規定を適用する。

法令通達を読んでみよう

相続税法第12条

次に掲げる財産の価額は、相続税の課税価格に算入しない。

一　皇室経済法（昭和22年法律第 4 号）第 7 条（皇位に伴う由緒ある物）の規定により皇位とともに皇嗣が受けた物

二　墓所、霊びよう及び祭具並びにこれらに準ずるもの

三　宗教、慈善、学術その他公益を目的とする事業を行う者で政令で定めるものが相続又は遺贈により取得した財産で当該公益を目的とする事業の用に供することが確実なもの

四　条例の規定により地方公共団体が精神又は身体に障害のある者に関して実施する共済制度で政令で定めるものに基づいて支給される給付金を受ける権利

五　相続人の取得した第 3 条第 1 項第 1 号に掲げる保険金（前号に掲げるものを除く。以下この号において同じ。）については、イ又はロに掲げる場合の区分に応じ、イ又はロに定める金額に相当する部分

　イ　第 3 条第 1 項第 1 号の被相続人のすべての相続人が取得した同号に掲げる保険金の合計額が500万円に当該被相続人の第15条第 2 項に規定する相続人の数を乗じて算出した金額（ロにおいて「保険金の非課税限度額」という。）以下である場合　当該相続人の取得した保険金の金額

ロ　イに規定する合計額が当該保険金の非課税限度額を超える場合
当該保険金の非課税限度額に当該合計額のうちに当該相続人の取得
した保険金の合計額の占める割合を乗じて算出した金額

六　相続人の取得した第3条第1項第2号に掲げる給与（以下この号に
おいて「退職手当金等」という。）については、イ又はロに掲げる場
合の区分に応じ、イ又はロに定める金額に相当する部分

イ　第3条第1項第2号の被相続人のすべての相続人が取得した退職
手当金等の合計額が500万円に当該被相続人の第15条第2項に規定
する相続人の数を乗じて算出した金額（ロにおいて「退職手当金等
の非課税限度額」という。）以下である場合　当該相続人の取得した
退職手当金等の金額

ロ　イに規定する合計額が当該退職手当金等の非課税限度額を超える
場合　当該退職手当金等の非課税限度額に当該合計額のうちに当該
相続人の取得した退職手当金等の合計額の占める割合を乗じて算出
した金額

2　前項第3号に掲げる財産を取得した者がその財産を取得した日から2
年を経過した日において、なお当該財産を当該公益を目的とする事業の用
に供していない場合においては、当該財産の価額は、課税価格に算入する。

第3編

こんな時どうする？
トラブル
回避事例
（個人編）

　個人関係のご質問も結構多いです。相続贈与や契約者変更が関係すると、いっぺんに難しくなります。

　考え方の基本は、保険料をベースに、保険料負担者と受取人との関係で判断することにあります。

第 **1** 章

保険料で困った!

1 契約者と保険料負担者が別でもいいですか？

事 例

　自分が契約者として保険契約に加入したのですが、保険料は父に支払ってもらっています。この保険料は贈与税の対象になりますか？

回 答

　保険法や約款では、契約者＝保険料負担者と考えています。しかし、ご質問のような場合、保険料支払時に贈与が成立するとは考えず、最終的に保険金や解約返戻金を受け取る時点で、課税関係を判断します。

解 説

　保険法第2条第1項第2号で、保険契約者を保険料を支払う義務を負う者、としています。

　しかし、ご質問のように、実際の支払をしている方が契約者と別であれば、課税判断は保険料負担者と受取人との間で行います。例えば、保険料負担者の父が死亡した場合、生命保険契約の権利（＝解約返戻金の額）がみなし相続財産（相続税法第3条第1項第3号）となります。

　しかし、この場合は法定調書が発行されないので、相続税の申告において、見逃される事例が多いとされます。

❷ 離婚しても生命保険料控除が使えると思っていました！

事例

妻と離婚しました。保険金受取人を変更せずに妻のままでいたら、生命保険料控除が使えなくなりました。なぜでしょうか？

回答

生命保険料控除が適用できるかどうかは、保険料を支払っている方と受取人の関係で決まります。

通常、保険金受取人の全てが、本人または本人の配偶者、6親等以内の血族と3親等以内の姻族でなければ適用されません。

離婚後の妻は、上記の対象外になりますから、生命保険料控除は使えません。

解説

離婚しても、子の親権が元配偶者にあることを考えて、保険金受取人を変更しない方がいらっしゃいます。この場合、保険金受取りをめぐって親族間のトラブルになることがあり、また、死亡保険金の非課税限度も使えません。

死亡保険金受取人は自分の親とか子に変更するのが望ましいと思われます。

③ 新旧の生命保険料控除の両方が使えますか？

事例

　平成24年１月１日以後に締結した保険契約と平成23年12月31日以前に締結した保険契約は生命保険料控除が違うと聞きました。

　それぞれの内容は理解しているのですが、新旧両方とも契約がある場合はどう計算すればいいですか？

回答

> 　新制度で一般生命保険料控除、介護医療保険料控除、個人年金保険料控除を、旧制度で一般生命保険料控除、個人年金保険料控除を計算して、それぞれ有利な部分を選択します。ただし、新旧両制度の適用限度額は所得税等12万円、住民税７万円となります。

解説 （所得税法第76条参照）

　新制度では、一般生命保険料控除介護医療保険料控除個人年金保険料控除が、各所得税等４万円、住民税2.8万円適用でき、旧制度では、一般生命保険料控除個人年金保険料控除が、各所得税等５万円、住民税3.5万円適用できます。

　各控除別に、新旧で最も有利な数値を利用すればいいのですが、適用合計額は、所得税等12万円、住民税７万円が上限となります。

	控除の種類	保険料控除の限度額	
【新制度】 平成24年１月１日 以後の契約	一般生命保険料 介護医療保険料 個人年金保険料	１種類につき 所得税４万円 住民税2.8万円	［新旧両制度の適用限度額］ 所得税12万円 住民税７万円
【旧制度】 平成23年12月31日 以前の契約	一般生命保険料 個人年金保険料	１種類につき 所得税５万円 住民税3.5万円	

④ 個人年金保険料控除がよくわかりません！

事例

　個人年金保険料控除の名前は知っているのですが、どんな要件を満たせば適用できるのですか？

回答

　次のすべての条件を満たし、個人年金保険料税制適格特約を付加した個人年金保険の保険料が対象です。
①年金受取人が契約者またはその配偶者のいずれかであること。
②年金受取人は被保険者と同一人であること。
③保険料払込期間が10年以上であること（一時払は対象外）。
④年金の種類が確定年金や有期年金の場合、年金受取開始が60歳以降で、かつ年金受取期間が10年以上であること。
（注）個人年金保険で、個人年金保険料税制適格特約を付加していない場合は、一般生命保険料控除の対象になります。

解説 （所得税法第76条第８項参照）

　契約者と死亡保険金受取人が夫、被保険者と年金受取人が妻という年金契約があります。

　契約者である夫が保険料を負担している場合、夫が年金保険料控除を使えますが、年金受取開始時、夫から妻への年金受給権相当額（相続税法第24条評価額）が贈与税課税の対象となります。

　年金受取開始前に契約者変更しても、平成30年１月１日以後の変更の場合、支払調書で保険料負担者が判明しますから夫が保険料を負担した部分は贈与税課税の対象となります。

⑤ 保険料負担者の母が認知症になりました！

事例

　母から保険料にあたるお金をもらって、自分が契約者として保険料を払っています。最近、母が認知症と診断されました。今後も、母から保険料をもらい続けることはできますか？

回答

　お母様が認知症と診断された以上、今後、保険料をもらい続けるのは難しいと思います。自分のお金で保険料を払って保険契約を継続するか、払済保険に変更することをご検討ください。

解説

　人生100年時代と言われますが、長寿化が進み、このような認知症に関するご質問が増えました。

　認知症と診断されたのであれば、お母様には保険料を贈与する意思能力が認められない可能性が高いため、これ以上、保険料相当額をもらうのは難しいと思われます。

　ところで、最近の保険商品には、一時払で保険に加入して、毎年、分配金の形でみなし贈与するものができました。ご相談のような将来認知症になる懸念がある場合は、このような商品の利用を検討されることも選択肢のひとつです。

6　会社が倒産したら個人の生命保険は解約しないといけない？

事 例

　自分が経営している会社が倒産してしまいました。管財人に財産価値があるものはすべて渡そうと思っています。

　しかし、子のための学資保険と妻のための終身保険だけは残したいと思っています。無理でしょうか？

回 答

> 　解約返戻金のない保険（東京地方裁判所の場合、解約返戻金があっても20万円以下の保険）は、自由財産として継続可能とされています。生命保険は、自分に万が一のことが起きた場合の備えですので、相当額であれば生活に必要な経費と認められています。
>
> 　しかし、ご質問の学資保険や終身保険は、一定金額の解約返戻金があるでしょうから、管財人により解約され弁済資金の一部になる可能性が高いと思われます。

解 説

　法律には明記されていませんが、破産者の経済的更生のために必要と思われる財産については、各地の裁判所でそれぞれ独自に、自己破産において個別に判断するまでもなく、一律に換価することを要しない一定の財産を定める基準を設けています。

　東京地方裁判所では、解約返戻金が20万円以下の生命保険が解約不要とされています。

第 **2** 章

保険金で困った！

　個人はめったに保険金を受け取ることはありません。また、金額が高額な場合もあります。そして、受け取った保険金に税金がかかるのか、判断に困る方が多いです。

1 保険金といっしょに配当金も受け取りました！

事例

　父が亡くなって、保険金を受け取りました。

　終身保険で、契約者：父、被保険者：父、受取人：子である私の場合、保険金や配当金にはどんな税金がかかりますか？

　また、いっしょに受け取った前納していた未経過保険料や配当金の取り扱いはどのようになりますか？

回答

　ご質問の場合、未経過保険料や配当金も含め死亡保険金として考えますので、すべて相続税の課税対象になります（相続税法基本通達3−8）。

　また、500万円×法定相続人の数の非課税限度についても同様に考えます（相続税法第12条第1項第5号）。

解説

　配当金は保険料の調整項目と考えますから、契約者が生前に配当金を引き出した場合は非課税です（ただし、同じ額だけ保険料の払込総額が減少すると考えます）。しかし、保険金といっしょに配当金を受

け取る場合は、保険金の一部として考えます。

　所得税法も同様に、保険金や解約返戻金といっしょに受け取る配当金や前納保険料のうち未経過部分は、保険金の一部として考えます（所得税基本通達36－37）。

通達を読んでみよう

相続税法基本通達3-8

　法第3条第1項第1号の規定により相続又は遺贈により取得したものとみなされる保険金には、保険契約に基づき分配を受ける剰余金、割戻しを受ける割戻金及び払戻しを受ける前納保険料の額で、当該保険契約に基づき保険金とともに当該保険契約に係る保険金受取人が取得するものを含むものとする。

② 誰も保険金を受け取らないと言っています！

事例

　昔、両親が離婚して、私と弟は母親に育てられました。別れた父親とはその後付き合いがなかったのですが、先日亡くなったそうです。しかも、実は知らない間に私と弟が父の保険金の受取人になっていたそうです。

　長い間付き合いがなく、いまさら保険金はもらわないと弟と相談して決めました。問題ないですよね？

回答

　保険金請求権の放棄は、保険金受取人の任意です。

　また、保険法第95条により、保険金請求の時効は、支払事由発生から3年と定められています。基本的には、保険事故発生から3年が過ぎてしまうと、保険金請求権が消滅してしまいます。

解説

　契約に関する項目が全面的に見直される民法改正が、令和2年4月から施行されます。その中で、日常生活への影響が大きいルール変更の一つが、期限後一定年数の経過により権利が消滅する消滅時効です。これまで契約内容によって時効の期間が異なっていましたが、ルールを統一し、分かりやすくしました。ただし、民法以外の特別法に基づく保険金請求や年金請求などは例外とされます。

　なお、保険会社は保険金の支払いに関して、時効を援用しない可能性があります。

法令を読んでみよう

<u>保険法第95条第１項</u>
　保険給付を請求する権利、保険料の返還を請求する権利及び第63条又は第92条に規定する保険料積立金の払戻しを請求する権利は、３年間行わないときは、時効によって消滅する。

③ 保険金の一時所得はどのように計算しますか？

事例

　自分が保険料を支払っていた保険が満期になりました。確定申告は必要だと思いますが、一時所得の計算において、必要経費にできる保険料の範囲はどこまでですか？特に、入院特約の保険料の取扱いがわかりません。

回答

　満期保険金が、一時金で100万円超または年金年額20万円超の場合、その事実が生じた満期日付で支払調書が発行され、受け取った翌年の確定申告が必要です。この支払調書に従って確定申告をします。

　その際、満期保険金の一時所得の計算において、必要経費となる保険料は、満期保険金に対応する部分の保険料です。

　しかし、契約の時期によっては、支払調書に入院等の特約保険料も含めて保険料が算出されている場合もあると思われます。

解説

　生命保険契約の満期や解約により保険金を受け取った場合には、保険料の負担者、保険金受取人がだれであるかにより、所得税、贈与税のいずれかの課税の対象になります。ご質問の場合は所得税の対象です。満期保険金等を一時金で受領した場合、一時所得になります。

　一時所得の金額は、その満期保険金等以外に他の一時所得がないとすれば、受け取った保険金の総額から既に払い込んだ保険料又は掛金の額を差し引き、更に一時所得の特別控除額50万円を差し引いた金額です。課税の対象になるのは、この金額を更に2分の1にした金額です。

4 保険金を年金で受け取るのは有利ですか？

事 例

　保険金は分割して受け取るのも可能なようです。分割受取にした場合、税金も分割できるのですか？

回 答

　保険金を年金で受け取る年金特約の設定時期により、取扱いが異なります（法人契約といっしょです）。

　保険金を受け取る事由が発生する前に年金特約を設定していれば、税金も実際に受け取る時期の雑所得になります。

　しかし、保険金を受け取る事由が発生した後に年金特約を設定しても、それは保険金の分割受け取りとなり、税金の分割とはなりません。

解 説

　年金受取については、保険金支払事由発生日前に年金特約を設定したのか、支払事由発生日以後に設定したのかにより、課税関係が異なります。

（1）契約者（＝保険料負担者）＝保険金受取人の場合

①支払事由発生日前（保険期間満了日前）に年金特約を締結

（イ）保険金の支払事由が発生したとき、課税はされない。

（ロ）年金を受け取ったとき、年金年額は、雑所得に該当し、所得税及び住民税の課税対象となります。雑所得の金額は、次のとおりです。

　　年金年額－年金年額×（払込保険料総額÷年金の受取総額）

②支払事由発生日以後（保険期間満了日）に年金特約を締結
　（イ）保険金の支払事由が発生したとき、受取保険金は、その年の一
　　　　時所得に該当する。

　　　受取保険金－払込保険料総額－特別控除額

　（ロ）年金を受け取ったとき、年金年額は、雑所得に該当し、所得税
　　　　及び住民税の課税対象となります。雑所得の金額は、次のとおり
　　　　です。

　　　年金年額－受取保険金×（年金年額÷年金の受取総額）

（2）契約者（＝保険料負担者）≠保険金受取人の場合

①支払事由発生日前（保険期間満了日前）に年金特約を締結
　（イ）保険金の支払事由が発生したとき、相続税法第24条評価額が、
　　　　相続税又は贈与税の課税対象となります。
　（ロ）年金を受け取ったとき、年金年額等は、雑所得に該当（相続等
　　　　に係る生命保険契約等に基づく年金にかかる雑所得）し、所得税
　　　　及び住民税の課税対象となります。

②支払事由発生日以後（保険期間満了日）に年金特約を締結
　（イ）保険金の支払事由が発生したとき、受取保険金等は、相続税又
　　　　は贈与税の課税対象となります。
　（ロ）年金を受け取ったとき、年金年額等は、雑所得に該当
　　　　（相続等に係る生命保険契約等に基づく年金にかかる雑所得に該
　　　　当しない。）し、所得税及び住民税の課税対象となります。

　　　雑所得の金額は、次のとおりです。

　　　年金年額－受取保険金×（年金年額÷年金の受取総額）

　上記取扱いは、昭和62年12月3日の国税庁連絡によります。

⑤ 保険金の据置は税金に影響しますか？

事例

　保険金を満期になっても受け取らず、据え置いた場合、税金はどうなりますか？

回答

　保険金の据置とは、保険金を原資として、保険会社と新たに締結された契約と考えます。そして、保険金は実際に受け取らなくても、受け取る権利が確定した時に、課税関係が発生します。

　ですから、保険金の据置をしても課税のタイミングは変わらず、翌年の確定申告が必要です。

解説

　据置については、勘違いしている方が多いです。実際の保険金の受け取りは課税に関係ありません。

　満期・死亡などの保険金は一定期間据え置くことができ、利息をつけて据置保険金として預けます。

　また、据置保険金は必要なときにいつでも引き出せます。

通達を読んでみよう

> 所得税基本通達36－13
> 　一時所得の総収入金額の収入すべき時期は、その支払を受けた日によるものとする。ただし、その支払を受けるべき金額がその日前に支払者から通知されているものについては、当該通知を受けた日により、令第183条第2項《生命保険契約等に基づく一時金に係る一時所得の金額の計算》に規定する生命保険契約等に基づく一時金又は令第184条第4項《損害保険契約等に基づく満期返戻金等》に規定する損害保険契約等に基づく満期返戻金等のようなものについては、その支払を受けるべき事実が生じた日による。

裁決を読んでみよう

　請求人は、無申告加算税の賦課決定処分の基となった一時所得に係る期限後申告は、生命保険の満期保険金を引き続き据置契約したものであって所得は発生しておらず無効なものであるから賦課決定処分は取り消すべきである旨主張する。しかしながら、生命保険契約と据置契約は別個の契約であり、本件満期保険金は、支払を受けるべき権利が確定していることが認められ、保険期間の満了後新たに締結した別個の契約に引き継がれたにすぎないと認められるから、一時所得に該当することとなる。また、期限内申告書の提出がなかったことについて、通則法66第1項及び第3項に該当する事由は認められないから、本件賦課決定処分は適法である。（平12.11．8大裁（所）平12－23）裁決事例集No60・P237

❻ 高度障害保険金の受取りは税金がかかりますか？

事例

　契約者：父、被保険者：父、受取人：子という契約形態で、被保険者である父が高度障害状態になったため、受取人の子に高度障害保険金が支払われました。

　このような場合、受取人が配偶者もしくは直系血族または生計を一にするその他の家族は例外的に非課税の取扱いが認められるとありました。

　このケースでも非課税の適用は認められますか？また、年金で受け取っても同じですか？

回答

　ご質問の場合、高度障害保険金の受取人は、本来は被保険者である父であり、子は代理請求だと思います。父または子の受け取った高度障害保険金は、所得税法第9条等の規定により非課税になります。年金も同様です。

　ただし、非課税で受け取った保険金を使い切らずに残金がある場合、父の死亡時には相続財産として相続税の課税対象となります。

法令通達を読んでみよう

所得税法第9条第1項第17号

　次に掲げる所得については、所得税を課さない。

十七　保険業法で、心身に加えられた損害又は突発的な事故により資産に
　　　加えられた損害に基因して取得するものその他の政令で定めるもの

所得税法施行令第30条第1項第1号

　法第9条第1項第17号（非課税所得）に規定する政令で定める保険金及び損害賠償金は、次に掲げるものその他これらに類するもの（これらのものの額のうちに同号の損害を受けた者の各種所得の金額の計算上必要経費に算入される金額を補てんするための金額が含まれている場合には、当該金額を控除した金額に相当する部分）とする。

一　損害保険契約に基づく保険金、生命保険契約又は旧簡易生命保険契約に基づく給付金及び損害保険契約又は生命保険契約に類する共済に係る契約に基づく共済金で、身体の傷害に基因して支払を受けるもの並びに心身に加えられた損害につき支払を受ける慰謝料その他の損害賠償金（その損害に基因して勤務又は業務に従事することができなかつたことによる給与又は収益の補償として受けるものを含む。）

所得税基本通達9−21

　疾病により重度障害の状態になったことなどにより、生命保険契約又は損害保険契約に基づき支払を受けるいわゆる高度障害保険金、高度障害給付金、入院費給付金等（一時金として受け取るもののほか、年金として受け取るものを含む。）は、令第30条第1号に掲げる「身体の傷害に基因して支払を受けるもの」に該当するものとする。

所得税基本通達9−20

　令第30条第1号の規定により非課税とされる「身体の傷害に基因して支払を受けるもの」は、自己の身体の傷害に基因して支払を受けるものをいうのであるが、その支払を受ける者と身体に傷害を受けた者とが異なる場合であっても、その支払を受ける者がその身体に傷害を受けた者の配偶者若しくは直系血族又は生計を一にするその他の親族であるときは、当該保険金又は給付金についても同号の規定の適用があるものとする。

（注）　いわゆる死亡保険金は、「身体の傷害に基因して支払を受けるもの」には該当しないのであるから留意する。

7　入院給付金の税金はどうなりますか？

事例

　生命保険会社から入院給付金を受け取りました。翌年の確定申告で医療費控除をしようと思うのですが、この給付金はどう扱えばいいですか？

回答

　医療費控除は所得控除の１つです。年末調整では控除を受けることができないので、控除を受ける場合は確定申告をする必要があります。支払った医療費等の実質負担額が、年間10万円（所得金額が200万円未満の人は、所得金額の５％）を超えた場合、その超えた金額をその年の所得から差し引くことができます（200万円上限）。

　ただし、確定申告の医療費控除の対象にできるのは、医療機関に支払った金額から、保険会社等からの給付金等を除いた部分だけです。

解説

　個人が生命保険から受け取った入院給付金は金額にかかわらず非課税です（所得税基本通達９−21）。

　入院給付金のほか手術給付金、通院給付金、介護保険金、がん診断給付金、三大疾病保険金、リビングニーズ特約保険金などケガや病気で受け取る給付金などは非課税です。

　非課税のため税金の申告は不要ですが、確定申告で医療費控除を受ける場合は、支払った医療費から受け取った入院給付金等を差し引きます。

　ただし、非課税で受け取った給付金・保険金が使われずに残金がある場合、父の死亡時には現金などの相続財産として相続税の課税対象となります。

　また、父の死亡後に給付金を受け取った場合も、相続税の課税対象となります。

8 事実婚の妻に保険金を渡したいのですが？

事例

　事実婚の妻がいます。昔、正式に結婚して、その後、離婚しました。さらに20年後、再度、同居することになりましたが、籍は入れていません。

　この妻を保険金受取人として保険に加入したいのですが、可能ですか？

回答

　原則として、保険金受取人はモラルリスクの可能性があるので、配偶者または2親等以内の血族に限定されていると思います。民法上も、事実婚の妻は実質他人と考えていますので、通常は受取人に指定できません。

　しかし、時代の移り変わりにより、事実婚も増えてきているはずです。お互いに法的に独身である、同居して生計を一にしていること等を条件に受取人として認めている保険会社もあると思われます。

解説

　現実的な対応としては、遺言による死亡保険金変更が考えられます。ただし、これには保険会社への通知が必要です（保険法第44条）。

法令を読んでみよう

保険法第44条

　保険金受取人の変更は、遺言によっても、することができる。

2　遺言による保険金受取人の変更は、その遺言が効力を生じた後、保険契約者の相続人がその旨を保険者に通知しなければ、これをもって保険者に対抗することができない。

⑨ 民事信託を使って保険金を家族に残したいです！

事例

　同族会社を経営している方が、障害のある子に確実に保険金を渡したいと思っています。民事信託を使えばいいとアドバイスされたそうです。どんな方法ですか？

回答

　契約者（＝保険料負担者）＝被保険者：親、保険金受取人：子で契約締結した後に、保険金受取人を同族会社等に変更した上で、委託者：親、受託者：同族会社等、受益者：子、という民事信託契約を締結します（受託者は個人でも可能です）。

　信託契約により、意思能力に問題のある子への保険金支払いを確実にしたい、との利用方法です。他に、未成年の孫を受益者にしたという利用方法もありました。

解説

　障害のある人の保険金受取りを確実にするために信託契約を利用する、これはいい方法だと、信託法が改正された頃、よく言われました。筆者もそう思っています。

　ところが、実際の利用実績はまだ低いと思われます。報酬等がネックのひとつになっているのかもしれません。

　今後もさらに人間関係が希薄化していく中、遺言だけでは守れない世界があると思います。生命保険信託を含めた民事信託については、何とかしてもっと活用したいものです。

第 3 章

契約見直し等で困った!

　個人の場合も、ライフスタイルの変化に伴い、保障見直しが必要になります。

　しかし、前の契約を転換して新たな契約内容にすると、その時点での年齢の保険料となり、保険料が高くなることがあります。

① 契約転換をすると税金はかかりますか?

事例

　Aさんは、結婚して10年たったので、そろそろ死亡保障を大きくしたいと考えています。

　ただ、保障内容を見直したら、税金がかかるのか心配です。

回答

　個人の場合、保障の見直しをしても、法人契約と異なって、原則として、その時点では、課税関係は生じません。

解説

　契約転換は、契約転換前契約の責任準備金を、契約転換後契約の責任準備金に引き継ぐ形で行われます。

　実質的には、契約の継続性を失わないものとし、これを契約内容の変更と解しています。

　したがって、見直し時点では、特に、所得税及び住民税や贈与税といった税務上の問題は発生しません。

　ただし、見直し前契約に契約者貸付や自動振替貸付がある場合、そ

の元利合計額等が充当価格から控除され、その控除部分については一部解約があったものとみなして、所得税及び住民税（契約者＝保険料負担者の場合）又は贈与税（契約者≠保険料負担者の場合）が課税されます。

❷ 保険金額の減額は法人と個人はいっしょですか？

事例

　急にお金が必要になったので、仕方なく保険金額を半分に減額しました。税金は法人契約と同じように考えればいいですか？

回答

> 　減額に関しては、法人と個人は異なった取扱いとなっています。
> 　個人に関しては、国税庁タックスアンサーにある通り、一時所得の計算において、総収入金額から控除する「その収入を得るために支出した金額」は、既払保険料総額に達するまで、その同額が「その収入を得るために支出した金額」とするのが相当とされています。
> 　ですから、減額払戻金の合計額が既払保険料総額を超えるまでは、一時所得が発生しません。

解説

　一時所得は、臨時・偶発的な所得であることから、法人契約のように、継続的に収入があることを前提とした方式は馴染まないと考えられています。

　ですから、契約者＝保険料負担者の場合、減額による減額払戻金において、支出金額はその時点での払込保険料総額（過去に減額払戻金を受け取っている場合には、減額払戻金に係る一時所得の金額の計算上控除した金額を除く。）とし、その払戻金がその支出した金額に満たないときは、その払戻金相当額をもってその払戻金を得るために支出した金額とします。ですから、減額払戻金だけ払込保険料総額が減ることになります。なお、減額時には支払調書は発行されません。

　誤解が多いのは、一時所得に係る特別控除（50万円が上限）が毎年使えると思っていらっしゃる方がいますが、減額払戻金が払込保険料総額を上回るまでは、特別控除は使えません。

③ 契約者貸付は法人と個人はいっしょですか？

事例

　契約者である父が契約者貸付を受けたまま死亡しました。その終身保険の死亡保険金を受け取った子である私は、受け取った死亡保険金を非課税枠で使い、貸付を受けていた部分は被相続人である父の負債として相続の際は計算していいですか？

回答

　契約者（＝保険料負担者）＝被保険者の場合、相続税法基本通達３－９により、死亡保険金額から契約者貸付金相当額控除後の金額を相続することになります。この場合、死亡保険金から契約者貸付金相当額控除後の金額が死亡保険金の非課税限度額の対象となります。

　なお、貸付を受けていた部分は債務控除の対象にはなりません（平成24年５月17日国税不服審判所裁決）。

解説

　契約者貸付に関しては、いろいろな事例があります。上記は相続の事例ですが、その他、所得税及び住民税が課税される場合や贈与税が課税される場合があります。

　たとえば、契約者貸付に関し、契約者（＝保険料負担者）＝受取人で解約して所得税及び住民税が課税される場合、契約者貸付はなかったものとして、受け取った解約返戻金額と契約者貸付金額の合計額が収入金額として一時所得を計算します。

通達を読んでみよう

相続税法基本通達3-9

　保険契約に基づき保険金が支払われる場合において、当該保険契約の契約者に対する貸付金若しくは保険料の振替貸付けに係る貸付金又は未払込保険料の額（いずれもその元利合計金額とし、以下においてこれらの合計金額を「契約者貸付金等の額」という。）があるため、当該保険金の額から当該契約者貸付金等の額が控除されるときの法第3条1項第1号の規定の適用については、次に掲げる場合の区分に応じ、それぞれ次による。

（1）　被相続人が保険契約者である場合

　　　保険金受取人は、当該契約者貸付金等の額を控除した金額に相当する保険金を取得したものとし、当該控除に係る契約者貸付金等の額に相当する保険金及び当該控除に係る契約者貸付金等の額に相当する債務はいずれもなかったものとする。

（2）　被相続人以外の者が保険契約者である場合

　　　保険金受取人は、当該契約者貸付金等の額を控除した金額に相当する保険金を取得したものとし、当該控除に係る契約者貸付金等の額に相当する部分については、保険契約者が当該相当する部分の保険金を取得したものとする。

裁決を読んでみよう

　請求人は、被相続人が生前に借り受けた本件生命保険契約に係る契約者貸付金は、債務控除の対象となるものである旨主張する。しかしながら、当該契約者貸付金は、①保険約款上の生命保険会社の義務の履行として貸付けがされたものであり、②その金額が解約返戻金から当該生命保険会社が定める金額を控除した後の金額の範囲内に限定され、③保険約款に規定するとおり死亡保険金の支払の際に差し引かれたものであるから、その経済的実質において、死亡保険金の前払がされたものと同視することができるものというべきである。また、本件生命保険契約に係る死亡保険金は、被相続人の死亡の日をもって契約者貸付金が差し引かれるものであるから、

保険金受取人が生命保険会社に支払を請求できるのは、その差引後の金額に限られるのであって、当該死亡保険金の全額について支払を請求できるものではない。これらのことからすると、当該死亡保険金の受取人は、当該契約者貸付金を差し引いた後の死亡保険金支払請求権を取得したというべきであり、死亡保険金全額の支払請求権を取得した上で、別途、契約者貸付金が相続によって承継されるというものではない。したがって、当該契約者貸付金は債務控除の対象とならないものである。（平24.5.17 東裁（諸）平23-223）

4 個人から個人へ契約者変更をしました！

事例

　契約者（＝保険料負担者）Aは、自分も高齢になったので、以後、保険料を子に支払ってもらおうと思い、子Bに契約者を変更しました。契約者変更するだけで、贈与税はかかるのでしょうか？

回答

　国税庁の質疑応答事例にある通り、契約者変更しただけでは、課税関係は発生しません。その後に、保険金や解約返戻金を受け取った時点で、実際の保険料負担者と受取人との関係で課税関係が発生します。

解説

　相続税法は、保険事故が発生した場合において、保険金受取人が保険料を負担していないときは、保険料の負担者から保険金等を相続、遺贈又は贈与により取得したものとみなす旨規定しており、保険料を負担していない保険契約者の地位は相続税等の課税上は特に財産的に意義のあるものとは考えておらず、契約者が保険料を負担している場合であっても契約者が死亡しない限り課税関係は生じないものとしています（相続税法第5条、相続税法基本通達3-36）。

　したがって、契約者が生存中に契約者の変更があっても、その変更だけで贈与税が課せられることはありません。ただし、その後、保険契約を解約し解約返戻金を取得した場合、保険契約者はその解約返戻金相当額を保険料負担割合で按分し、自分が保険料を負担した部分以外は、その保険料負担者から贈与により取得したものとみなされて贈与税が課税されます。

A生存中の契約者変更は上記のとおりですが、A死亡の場合の契約者変更と取扱いが異なります。これを整理してみると、

（1）A生存中に、契約者をBに変更した場合

契約者（＝保険料負担者）＝被保険者：A、満期保険金受取人：Aを同時に、契約者と満期保険金受取人をBに変更した。

①変更時の課税

契約者変更時には、Aに対してもBに対しても課税されません。

②満期・解約時の課税

満期・解約時には、受取人であるBに次の課税が生じます。
（イ）受取額のうち、Aが負担した保険料割合相当額は、Aから贈与とされたものとして、贈与税が課税されます。

受取額×（Aが負担した保険料の額÷払込保険料総額）
（ロ）受取額のうち、Bが負担した保険料割合相当額は、一時所得に該当し、所得税・住民税が課税されます。

受取額×（Bが負担した保険料の額÷払込保険料総額）
なお、一時所得の金額の計算上、支出金額に算入される金額は、契約者変更後にBが負担した保険料の額となります（所得税基本通達34−4）。

（2）A死亡により、契約者を被保険者であるBに変更した場合

契約者（＝保険料負担者）＝満期保険金受取人：A、被保険者：BをA死亡により、契約者と満期保険金受取人をBに変更した。

①変更時の課税

　Aは死亡したため、課税されません。

　一方、Bは、相続等により「生命保険契約の権利」を取得し、これが相続税の課税対象となります（相続税法第3条第1項第3号）。

②満期・解約時の課税

　満期保険金あるいは解約払戻金に対しては、Bが保険料を負担したものとして一時所得に該当し、所得税・住民税が課税されます（相続税法基本通達3－35）。

法令通達を読んでみよう

相続税法第5条第1項～第3項

　生命保険契約の保険事故（傷害、疾病その他これらに類する保険事故で死亡を伴わないものを除く。）又は損害保険契約の保険事故（偶然な事故に基因する保険事故で死亡を伴うものに限る。）が発生した場合において、これらの契約に係る保険料の全部又は一部が保険金受取人以外の者によって負担されたものであるときは、これらの保険事故が発生した時において、保険金受取人が、その取得した保険金のうち当該保険金受取人以外の者が負担した保険料の金額のこれらの契約に係る保険料でこれらの保険事故が発生した時までに払い込まれたものの全額に対する割合に相当する部分を当該保険料を負担した者から贈与により取得したものとみなす。

2　前項の規定は、生命保険契約又は損害保険契約（傷害を保険事故とする損害保険契約で政令で定めるものに限る。）について返還金その他これに準ずるものの取得があつた場合について準用する。

3　前2項の規定の適用については、第1項（前項において準用する場合を含む。）に規定する保険料を負担した者の被相続人が負担した保険料は、その者が負担した保険料とみなす。ただし、第3条第1項第3号の規定により前2項に規定する保険金受取人又は返還金その他これに準ずるものの取得者が当該被相続人から同号に掲げる財産を相続又は遺贈により取得したものとみなされた場合においては、当該被相続人が負担した保険料につ

いては、この限りでない。

相続税法基本通達3-36

　被保険者でない保険契約者が死亡した場合における生命保険契約に関する権利についての取扱いは、次に掲げるところによるものとする

（1）　その者が当該契約による保険料を負担している場合（法第3条第1項第3号の規定により、相続又は遺贈によって保険契約に関する権利を取得したものとみなされる場合を含む。）には、当該契約に関する権利は、相続人その他の者が相続又は遺贈により取得する財産となること。

（2）　その者が当該契約による保険料を負担していない場合（法第3条第1項第3号の規定により、相続又は遺贈によって保険契約に関する権利を取得したものとみなされる場合を除く。）には、課税しないものとすること。

所得税基本通達34－4

　令第183条第2項第2号又は第184条第2項第2号に規定する保険料又は掛金の総額には、以下の保険料又は掛金の額が含まれる。

（1）　その一時金又は満期返戻金等の支払を受ける者が自ら支出した保険料又は掛金

（2）　当該支払を受ける者以外の者が支出した保険料又は掛金であって、当該支払を受ける者が自ら負担して支出したものと認められるもの

（注）　1　使用者が支出した保険料又は掛金で36―32により給与等として課税されなかったものの額は、上記（2）に含まれる。

2　相続税法の規定により相続、遺贈又は贈与により取得したものとみなされる一時金又は満期返戻金等に係る部分の金額は、上記（2）に含まれない。

相続税法第3条第1項第3号

　次の各号のいずれかに該当する場合においては、当該各号に掲げる者が、当該各号に掲げる財産を相続又は遺贈により取得したものとみなす。この場合において、その者が相続人（相続を放棄した者及び相続権を失った者

を含まない。）であるときは当該財産を相続により取得したものとみなし、その者が相続人以外の者であるときは当該財産を遺贈により取得したものとみなす。

三　相続開始の時において、まだ保険事故が発生していない生命保険契約（一定期間内に保険事故が発生しなかつた場合において返還金その他これに準ずるものの支払がない生命保険契約を除く。）で被相続人が保険料の全部又は一部を負担し、かつ、被相続人以外の者が当該生命保険契約の契約者であるものがある場合においては、当該生命保険契約の契約者について、当該契約に関する権利のうち被相続人が負担した保険料の金額の当該契約に係る保険料で当該相続開始の時までに払い込まれたものの全額に対する割合に相当する部分

<u>相続税法基本通達3－35</u>

　法第3条第1項第3号の規定により、保険契約者が相続又は遺贈によって取得したものとみなされた部分の生命保険契約に関する権利は、そのみなされた時以後は当該契約者が自ら保険料を負担したものと同様に取り扱うものとする。

⑤ 個人から法人へ契約者変更をしました！

事例

　長く個人事業主としてやってきましたが、事業化のめどがついたので、法人成りしようと思います。その時に、従来からかけてきた保険の取扱いはどうなりますか？

回答

> 　保険契約については、時価（＝解約返戻金の額）で有償譲渡する場合と無償譲渡する場合があります（所得税基本通達36－37）。どちらにするかは、個人・法人間の協議によります。

解説 (以下、長期平準定期保険で説明)

（1）有償で譲渡する場合

　①個人に対する課税は、受け取った譲渡代金が一時所得に該当し、次の算式により算出した金額が所得税及び住民税の課税対象となります。

（譲渡代金－払込保険料総額－特別控除額）×1／2

　②法人に対する課税

　　譲渡代金を支払ったときに、次の仕訳を行います。

　　　　前払保険料※1×××　／　当座預金 ×××
　　　　配当金積立金×××

　※1　前払保険料勘定については、保険期間満了日まで、期間の経過に応じ取り崩す。

（2）無償で譲渡する場合

①個人に対する課税はありません。

②法人に対する課税

　譲渡代金を支払わないので、契約者変更時点で、次の仕訳を行います。

　　　　　前払保険料 ×××　　／　雑収入 ※2 ×××
　　　　　配当金積立金 ×××

　※2　　　無償譲渡のため、受贈益として益金算入

　なお、令和元年7月8日以後に法人が契約者となった場合、契約者が変わっても解約返戻率の変動はありませんから、個人が長期平準定期保険に加入したときの保険料の取扱いになると思われます。

6 法人から個人に契約者変更後、解約したら税金はどうなるの？

事例

　低解約返戻金型定期保険について、低解約返戻期間に法人から個人に解約返戻金額で契約者変更し、その後解約することを考えています。税務上問題はありませんか？

　また、その場合、一時所得の計算上、必要経費にできる金額はどうやって計算しますか？

回答

　契約の時期により保険契約の権利の評価額が異なりますが、見直された所得税基本通達36−37に従った経理処理ならば問題ありません。

　また、必要経費にできるのは、法人から個人に譲渡されえた支給時解約返戻金の額または支給時資産計上額とその後個人で支払った保険料の合計額です。

解説

　従来は問題があるとされましたが、今回の所得税基本通達の見直しで改正されました。

第4章

年金で困った！

1 年金保険料を払込中に被保険者が死亡してしまいました！

事 例

母が自分のためにかけていた年金保険の保険料払込期間中に死亡してしまいました。死亡払戻金を子である私が受け取るのですが、これは相続における死亡保険金の非課税枠の適用は可能ですか？

また、この取扱いは、年金を受け取り始めた後に、年金受取人である母が亡くなった場合も同じく、死亡保険金の非課税枠の適用は可能ですか？

回答

年金保険料払込期間中の被保険者死亡の場合、死亡払戻金の支払いは、相続税法12条1項5号の相続における死亡保険金の非課税限度の適用対象となります。

また、年金支払開始後の年金受取人死亡の場合、年金受給権は、相続税基本通達3−45により、相続税の課税対象になります。なお、この年金受給権は、相続税法3条1項5号を根拠とするため、相続税法12条1項5号の非課税限度額の対象にはなりません。

解 説

年金保険の保険料を支払っている間は、生命保険契約なのですが、年金給付が始まると、年金給付契約に切り替わると考えるとわかりやすいと思います。

法令通達を読んでみよう

相続税法第12条第1項第5号

次に掲げる財産の価額は、相続税の課税価格に算入しない。

五　相続人の取得した第3条第1項第1号に掲げる保険金については、イ又はロに掲げる場合の区分に応じ、イ又はロに定める金額に相当する部分

イ　第3条第1項第1号に掲げる被相続人のすべての相続人が取得した同号に掲げる保険金の合計額が500万円に当該被相続人の第15条第2項に規定する相続人の数を乗じて算出した金額（ロにおいて「保険金の非課税限度額」という。）以下である場合　当該相続人の取得した保険金の金額

ロ　イに規定する合計額が当該保険金の非課税限度額を超える場合　当該保険金の非課税限度額に当該合計額のうちに当該相続人の取得した保険金の合計額の占める割合を乗じて算出した金額

相続税法基本通達3−45（抜すい）

保証据置年金契約（年金受取人が年金支払開始年齢に達した日からその死亡に至るまで年金の支払をするほか、一定の期間内に年金受取人が死亡した場合に継続受取人に年金の支払をする（保険事故が発生した場合に保険金受取人に年金の支払をするものをいう。）又は保証期間付年金保険契約（保険事故が発生した場合に保険金受取人が死亡した場合に保険金受取人に年金の支払をするほか、一定の期間内に保険金受取人が死亡した場合には、その残存期間中継続受取人に継続して年金の支払をするものをいい、これに類する共済契約を含む。）の年金給付事由又は保険事故が発生した後、保証期間内に年金受取人が死亡した場合には、次に掲げるところによるのであるから留意する。

(1)　年金受取人が掛金又は保険料の負担者であるときは、法第3条第1項第5号の規定により継続受取人が掛金又は保険料の負担者からその負担した掛金又は保険料の金額のその相続開始の時までに払い込まれた掛金又は保険料の全額に対する割合に相当する部分を相続又は遺贈によって取得したものとみなされること。

相続税法第3条第1項第5号

　次の各号のいずれかに該当する場合においては、当該各号に掲げる者が、当該各号に掲げる財産を相続又は遺贈により取得したものとみなす。この場合において、その者が相続人（相続を放棄した者及び相続権を失った者を含まない。）であるときは当該財産を相続により取得したものとみなし、その者が相続人以外の者であるときは当該財産を遺贈により取得したものとみなす。

五　定期金給付契約で定期金受取人に対しその生存中又は一定期間にわたり定期金を給付し、かつ、その者が死亡したときはその死亡後遺族その他の者に対して定期金又は一時金を給付するものに基づいて定期金受取人たる被相続人の死亡後相続人その他の者が定期金受取人又は一時金受取人となつた場合においては、当該定期金受取人又は一時金受取人となった者について、当該定期金給付契約に関する権利のうち被相続人が負担した掛金又は保険料の金額の当該契約に係る掛金又は保険料で当該相続開始の時までに払い込まれたものの全額に対する割合に相当する部分

2　年金受取中に受取人が死亡してしまいました！

事例

　契約者＝保険料負担者＝年金受取人：母、被保険者：子で、個人年金をかけていました。保険料払込みが満了し、母が年金を受け取り始めました。しかし、年金を3回受け取って、母が死亡してしまいました。

　後継年金受取人である子が相続し、年金をあと7年受け取ります。年金受給権評価額で相続し、相続税の対象になるので、子がもらいはじめた年金に雑所得はかからないということでよろしいでしょうか？

回答

　ご質問の年金受給権については、相続税基本通達3－45により、年金受取人が保険料負担者であった場合、相続税法3条1項5号により相続税の課税対象になります。

　そして、子が引き継いだ年金については、「相続等に係る生命保険契約に基づく年金の雑所得の金額」の計算により雑所得の対象になります。

　なお、年金受給権の評価は、相続税法第24条により、
①継続年金受取の場合⇒解約返戻金、一時金、年金年額に残存期間に応じた予定利率による複利年金現価率でかけたものの多い額
②一括受取の場合⇒死亡一時金の額
となります。

　なお、この年金受給権は、相続税法3条1項5号を根拠とするため、相続税法12条1項5号の非課税限度額の対象にはなりません。また、年金受取については、「相続等に係る生命保険契約に基づく年金の雑所得の金額」の計算によります。

法令を読んでみよう

相続税法第24条第１項第１号

　定期金給付契約で当該契約に関する権利を取得した時において定期金給付事由が発生しているものに関する権利の価額は、次の各号に掲げる定期金又は一時金の区分に応じ、当該各号に定める金額による。

一　有期定期金　次に掲げる金額のうちいずれか多い金額

　イ　当該契約に関する権利を取得した時において当該契約を解約するとしたならば支払われるべき解約返戻金の金額

　ロ　定期金に代えて一時金の給付を受けることができる場合には、当該契約に関する権利を取得した時において当該一時金の給付を受けるとしたならば給付されるべき当該一時金の金額

　ハ　当該契約に関する権利を取得した時における当該契約に基づき定期金の給付を受けるべき残りの期間に応じ、当該契約に基づき給付を受けるべき金額の１年当たりの平均額に、当該契約に係る予定利率による複利年金現価率（複利の計算で年金現価を算出するための割合として財務省令で定めるものをいう。第３号ハにおいて同じ。）を乗じて得た金額

③ 年金受取を据え置いたのに！

事例

個人年金を据え置いたのに、税金がかかってしまいました。どうしてですか？

回答

　年金の据置とは、本来の受取日に年金を受け取らず、以後保険会社に運用をしてもらい、受取時期を後にずらして受取金額を増やすことを指します。

　年金を受け取らずに据え置いた場合であっても、本来の受取時期に所得税・住民税の課税対象となります。受け取った時期に課税されるわけではないのです。

解説

　なぜかというと、いったん契約者が保険金を受け取った後、それを保険会社に預けて運用する、と税法上は考えます。

　このため、本来の受取時期に一度年金を受け取り、それに課税されたと考えます。

4　いままで贈与税がかからなかったのに！

事例

　契約者（＝保険料負担者）：夫、被保険者：妻、年金受取人：妻、死亡保険金受取：夫で個人年金に入っていました。今までは、直前に契約者変更すれば、年金で贈与税はかからないと聞いていました。でも今後はかかる場合があるのですか？

回答

　保険料負担者と年金受取人との関係で、課税関係を判断します。ご質問の場合、年金受給権発生時に相続税法第24条評価額の贈与を受けたものとして、その額を記載した支払調書が提出されます。

解説

　もともと、ご質問の場合は、夫から妻への贈与税がかかっていました。ただ、直前に契約者変更等をしたため、それがわからなかっただけかもしれません。

　ただ、平成30年1月1日以後、新しい支払調書により、上記のような契約者変更の場合の贈与金額がわかるようになりました（相続税法施行規則第5号書式、ただし100万円超の場合）。

　この場合、受取人を保険料負担者（＝契約者）に変更する等の対策が必要かと思われます。

第 **5** 章

個人事業主で困った！

① 個人事業主の保険料はなぜ必要経費にならないの？

事例

　個人事業主を被保険者として生命保険加入を考えています。どうして、この契約の保険料は必要経費にならないのですか？

回答

　個人事業の場合、その支出が事業上のものか、それとも家事上のものかという区分が重要になります。それによって、支払った保険料の取扱いが大きく異なってくるからです。
　①　事業上のもの　⇒　資産計上又は必要経費算入
　②　家事上のもの　⇒　生命保険料控除の対象
　個人事業主を契約者とする契約のうち、被保険者を事業主のものは、通常、家事上のものであると判断されるからです。

解説

　被保険者＝個人事業主の親族従業者とする契約も、原則として家事上のものとして取り扱われます。
　ただし、従業員の大半がその個人事業主の家族以外の者であって、保険加入にあたっては、他の従業員と同様の普遍的加入している場合には、事業上のものとして取り扱われることとなります。
　ですから、満期保険金受取人を事業主、死亡保険金受取人を第三者である被保険者の遺族とした場合の福利厚生プランの養老保険料の取

149

扱いについては、個人事業主の親族従業者についても同じ保険金であれば、支払保険料の2分の1を資産計上することとし、残りの2分の1は福利厚生費として必要経費に算入します。

　ただし、特定の従業員のみを被保険者とした場合、上記福利厚生費はその従業員に対する給与となります。

法令を読んでみよう

所得税法第37条第1項

　その年分の不動産所得の金額、事業所得の金額又は雑所得の金額の計算上必要経費に算入すべき金額は、別段の定めがあるものを除き、これらの所得の総収入金額に係る売上原価その他当該総収入金額を得るため直接に要した費用の額及びその年における販売費、一般管理費その他これらの所得を生ずべき業務について生じた費用（償却費以外の費用でその年において債務の確定しないものを除く。）の額とする。

所得税法第45条第1項第1号

　居住者が支出し又は納付する次に掲げるものの額は、その者の不動産所得の金額、事業所得の金額、山林所得の金額又は雑所得の金額の計算上、必要経費に算入しない。

一　家事上の経費及びこれに関連する経費で政令で定めるもの

個別回答を読んでみよう

　　　　　　　　　　　　　　　　　　　　　　　　　　　直審3-7

　　　　　　　　　　　　　　　　　　　　　　　昭和47年2月14日

○○生命保険株式会社

代表取締役社長　殿

　　　　　　　　　　　　　　　　　　　　　　　　　　国税庁直税部

　　　　　　　　　　　　　　　　　　　　　　　　　　　審理課長

　　　　　　集団定期保険料等の所得税法上の取扱いについて

　　　　　　　　（昭和46.10.28付照会に対する回答）

標題のことについては、下記のとおり回答します。

記

1　ご照会にかかる定期保険契約に基づき事業主が負担した保険料のうち当該年分に対応するものについては、その事業主にかかる当該年分の事業所得の金額の計算上必要経費に算入してさしつかえありません。ただし、被保険者および保険金受取人である従業員が、契約者である事業主と生計を一にする配偶者その他の親族に該当する場合において、単にその事業主の配偶者その他の親族であるがために付保されたものと認められるときは、当該配偶者その他の親族にかかる保険料については、必要経費に算入することはできません。

2　ご照会にかかる定期保険契約に基づき事業主が保険料を負担した場合（1のただし書の場合を除きます。）に従業員が受ける利益については、所得税基本通達（昭和45.7.1直審（所）30）の36-31により課税しなくてさしつかえありません。

② 個人事業主は法人よりも厳しく必要経費を見られるの？

事例

　福利厚生プランの裁決を見ていると、個人事業主の方が法人より厳しく判断されているように思います。小規模な同族法人もあり、個人事業主とあまりかわらないと思うのですが、いかがでしょうか？

回答

　難しいご質問ですが、同じように営利を目的として事業を営んでいても、個人事業主の場合、業務遂行上の必要性があるかで、個別判断されていると思います。

解説

　法人税において、法人の支出は収益に直結する費用とされ、一旦、資産計上されることがあっても、原則損金算入です。

　しかし、個人の場合、常に事業活動を行っているわけではなく、所得税法施行令第96条にいう家事関連費になることがあります。

　そのため、個人の支出に関しては、法人にはない家事関連費があるため、安易に法人税の取扱いを準用できない場面があります。従業員を被保険者とした福利厚生プランの養老保険に関する裁決事例があります。

法令通達を読んでみよう

所得税法施行令第96条第1項
　法第45条第1項第1号（必要経費とされない家事関連費）に規定する政令で定める経費は、次に掲げる経費以外の経費とする。
一　家事上の経費に関連する経費の主たる部分が不動産所得、事業所得、山林所得又は雑所得を生ずべき業務の遂行上必要であり、かつ、その必

要である部分を明らかに区分することができる場合における当該部分に相当する経費

二　前号に掲げるもののほか、青色申告書を提出することにつき税務署長の承認を受けている居住者に係る家事上の経費に関連する経費のうち、取引の記録等に基づいて、不動産所得、事業所得又は山林所得を生ずべき業務の遂行上直接必要であつたことが明らかにされる部分の金額に相当する経費

所得税基本通達45－1

令第96条第1号《家事関連費》に規定する「主たる部分」又は同条第2号に規定する「業務の遂行上直接必要であったことが明らかにされる部分」は、業務の内容、経費の内容、家族及び使用人の構成、店舗併用の家屋その他の資産の利用状況等を総合勘案して判定する。

所得税基本通達45－2

令第96条第1号に規定する「主たる部分が不動産所得、事業所得、山林所得又は雑所得を生ずべき業務の遂行上必要」であるかどうかは、その支出する金額のうち当該業務の遂行上必要な部分が50％を超えるかどうかにより判定するものとする。ただし、当該必要な部分の金額が50％以下であっても、その必要である部分を明らかに区分することができる場合には、当該必要である部分に相当する金額を必要経費に算入して差し支えない。

裁決を読んでみよう

　請求人は、①従業員を被保険者とする本件各養老保険契約及び本件各がん保険契約（本件各保険契約）は、それぞれ法人税基本通達9－3－4《養老保険に係る保険料》及びがん保険契約に係る法令解釈通達（平成13年8月10日付課審4－100）が準用され、本件各養老保険契約に係る保険料の額のうち2分の1相当額及び本件各がん保険契約に係る保険料の全額を必要経費に算入することができる旨、②本件各保険契約は、従業員の退職金

又は死亡弔慰金の補充、拡充という福利厚生の目的で締結されたものであり、その保険料は、事業の遂行上必要な費用であるから必要経費に算入することができる旨主張する。しかしながら、上記①については、個人の支出に関する取扱いは、家事関連費という概念がないなどの法人の支出に関する取扱いとは異なるのであり、法人税に係る通達及び取扱いは、所得税において準用されるものではなく、必要経費と認められるためには、それが事業との直接の関連を持ち、事業の遂行上客観的一般的に通常必要な費用であることが必要である。また、上記②については、本件各保険契約に係る保険金等が従業員の退職後の原資とされなかったなどの事実関係の下では、請求人が、本件各養老保険契約に基づいて支払われた保険料の額の2分の1に相当する額及び本件各がん保険契約に基づいて支払われた保険料の全額を必要経費に算入して事業所得の金額を計算することを図るとともに、保険料の名目で資金を積み立てることを企図して本件各保険契約を締結したものと認められるのであり、本件各保険契約に係る保険料の支払が事業と直接の関連を持ち、事業の遂行上客観的一般的に通常必要であるということはできない。以上からすれば、本件各保険契約に係る保険料の額は事業所得の金額の計算上必要経費に算入できないから、この点に関する請求人の主張には理由がない。（平23. 3.23 広裁（所）平22-21）

　なお、平成27年7月29日広島地方裁判所判決、平成28年4月20日広島高等裁判所判決とも納税者敗訴。

第4編

こんな時どうする？トラブル回避事例
（相続贈与編）

相続については、思いがけないご質問がときどきあります。
「事実は小説よりも奇なり」を実感しています。

1 契約者変更後に被保険者が死亡した場合はどうなりますか？

事例

　契約者（＝保険料負担者）：母、被保険者：子、保険金受取人：母、という契約を、母が生存中に、契約者：子、被保険者：子、保険金受取人：孫と、契約者と保険金受取人の変更を行いました。

　その後、被保険者である子が死亡した場合、課税関係はどうなりますか？

回答

　母から子への契約者変更時点では課税関係は発生しません。

　その後、保険事故発生時や解約時に、保険料負担者と受取人の関係で課税関係を判断します。

　被保険者である子が死亡した場合、死亡保険金受取人は孫ですから、旧契約者である母が負担した保険料割合に対する保険金は母から孫への贈与となり贈与税課税、新契約者である子が負担した保険料割合に対する保険金は相続税課税となります。

　なお、平成30年1月1日以後の契約者変更にかかる一時金の支払調書には、旧契約者名と上記保険料負担額の内訳と契約者変更の回数が明記されています。

解説

　丁寧に保険料負担者と受取人の関係を判断してください。

　また、保険金等は、保険料負担割合によって按分してください。

② 契約者変更後に保険料負担者が死亡した場合はどうなりますか？

事例

　契約者（＝保険料負担者）：母、被保険者：子、保険金受取人：母、という契約を、母が生存中に、契約者：子、被保険者：子、保険金受取人：孫と、契約者と保険金受取人の変更を行いました。

　その後、保険料負担者である母が死亡した場合、課税関係はどうなりますか？

　さらに、その後に、子が死亡した場合はどうなりますか？

回答

> 　母から子への契約者変更時点では課税関係は発生しません。
>
> 　その後、母が死亡した時に、母が負担した保険料の割合に対応する解約返戻金相当額の生命保険契約の権利は、みなし相続財産として相続税の課税対象となります（相続税法第3条第1項第3号）。
>
> 　その後、子が死亡して孫が保険金を受け取った場合、母が負担した保険料は子が負担したものと同様とされ（相続税法基本通達3−35）、死亡保険金はみなし相続財産として相続税の課税対象となります（相続税法第3条第1項第1号）。

解説

　保険料負担者が死亡した場合、その方が、現在、契約者なのか、そうでないのかで分けて考えます。

　今回のご質問は、保険料負担者は死亡時点では既に契約者でないので、以下の（2）の取扱いとなります。

（1）契約者である保険料負担者が死亡した場合

　契約者である保険料負担者が死亡することにより契約者変更した時は、相続人その他の新契約者が取得する「生命保険契約の権利」（＝解約返戻金の額）は、本来の相続財産として相続税の課税対象（相続税法基本通達3―36（1））となります。

　その後、保険事故発生時や解約時の課税には、旧契約者が負担した保険料は、新契約者が負担したものとみなされ、保険料負担者と受取人の関係により課税関係を判断されます（相続税法第3条第2項）。

　同様に、保険料負担者の被相続人が負担した保険料は、保険料負担者が負担したものとみなされます（相続税法第5条第3項）。

（2）契約者でない保険料負担者が死亡した場合

　契約者でない保険料負担者が死亡することにより契約者変更した時は、新契約者（権利を承継した者を含む。）が取得する「生命保険契約の権利」（＝解約返戻金の額）がみなし相続財産として相続税の課税対象となります（相続税法第3条第1項第3号）。

　そのみなされた時以後は、新契約者が自ら保険料を負担したものと同様に取り扱われます（相続税法基本通達3－35）。

　その後、保険事故発生時や解約時には、保険料負担者と受取人の関係により課税関係を判断します。

法令通達を読んでみよう

財産評価基本通達214

　相続開始の時において、まだ保険事故が発生していない生命保険契約に関する権利の価額は、相続開始の時において当該契約を解約するとした場合に支払われることとなる解約返戻金の額（解約返戻金のほかに支払われることとなる前納保険料の金額、剰余金の分配額等がある場合にはこれらの金額を加算し、解約返戻金の額につき源泉徴収されるべき所得税の額に相当する金額がある場合には当該金額を減算した金額）によって評価する。

相続税法第3条第1項第1号

　次の各号のいずれかに該当する場合においては、当該各号に掲げる者が、当該各号に掲げる財産を相続又は遺贈により取得したものとみなす。この場合において、その者が相続人（相続を放棄した者及び相続権を失った者を含まない。）であるときは当該財産を相続により取得したものとみなし、その者が相続人以外の者であるときは当該財産を遺贈により取得したものとみなす。

一　被相続人（遺贈者を含む。以下同じ。）の死亡により相続人その他の者が生命保険契約の保険金又は損害保険契約の保険金を取得した場合においては、当該保険金受取人について、当該保険金のうち被相続人が負担した保険料の金額の当該契約に係る保険料で被相続人の死亡の時までに払い込まれたものの全額に対する割合に相当する部分

相続税法第3条第2項

2　前項第1号又は第3号から第5号までの規定の適用については、被相続人の被相続人が負担した保険料又は掛金は、被相続人が負担した保険料又は掛金とみなす。ただし、同項第3号又は第4号の規定により当該各号に掲げる者が当該被相続人の被相続人から当該各号に掲げる財産を相続又は遺贈により取得したものとみなされた場合においては、当該被相続人の被相続人が負担した保険料又は掛金については、この限りでない。

③ 相続人以外への保険料の生前贈与はどうなりますか？

事例

私には妻、子の他に、独身の弟が一人います。弟に、今後のことを考えて、お金を残してあげたいと思っています。

贈与税の基礎控除の範囲内で現金を渡しているのですが、それ以外に、生命保険を使った生前贈与の方法はありませんか？

回答

弟様に保険料相当額を贈与し、契約者（＝保険料負担者）：弟、被保険者：私、保険金受取人：弟という契約形態で保険加入を検討してはいかがでしょうか？

この場合、受け取る保険金は弟様の一時所得となり、弟様が所得税等の確定申告をします。あなたの妻や子といっしょに、相続税申告をする必要はありません。

解説

生命保険金の課税関係は、契約者（＝保険料負担者）と保険金受取人との関係で決まります。

一般的に、生命保険の課税関係は以下のとおりとされます。

	契約者	被保険者	保険金受取人	課税関係
①	親	親	子	相続税（非課税限度適用）
②	親	子	親	所得税・住民税
③	親	子	子の配偶者	贈与税

通常、①か②がよく用いられます。

生命保険を有効に活用するため、保険料に充当する現金を生前に贈与し、贈与を受けた方が生命保険に加入する方法があります。

　この場合、後日、贈与が成立していないと税務署から指摘されないように、細心の注意が必要です。そのために、昭和58年9月の国税庁事務連絡を参考にして、

①贈与するたびに、毎年贈与契約書を作成する（原本を2部作成して、贈与者と受贈者が各1部保管する）。

②銀行振込など、贈与の事実を証明できる方法で贈与を実行する。

③預金通帳や金融機関の届出印は受贈者が管理する。

④贈与税の申告をする（贈与税の基礎控除額110万円以下の場合は申告不要）。

など、贈与の事実を証明できるように準備する必要があります。

　なお、「毎年同額の贈与をしない方がいい」「毎年同じ時期の贈与は避けた方がいい」などといわれることがありますが、贈与の実態があれば問題はありません。

　ただ、注意しないといけないのが、税金の申告方法です。相続税の申告は、相続人が共同して行うのが原則です。

　事業承継のときも同様ですが、自分の家族以外の方と相続税の申告を共同でするのは抵抗があるものです。今回のような場合、できるだけ一時所得の形態にするなどの工夫が必要だと思います。

法令を読んでみよう

相続税法施行令第7条
　法第27条第5項の規定により二人以上の者が共同して行う法第27条第1項又は第2項の申告書の提出は、これらの者が一の申告書に連署してするものとする。

4 死亡保険金受取人がすでに死亡していると誰が受け取るの？

事例

　契約者（＝保険料負担者）：母、被保険者：母、保険金受取人：子で保険に加入しました。先に受取人である子が亡くなりましたが、受取人変更の手続きをしませんでした。子には妻とその子（孫）がいました。

　その後、受取人変更をしないまま契約者（＝保険料負担者）＝被保険者である母が亡くなりました。

　この保険金は誰がどの割合で受け取るのでしょうか？

回答

　死亡保険金受取人が被保険者より先に死亡し、死亡保険金受取人について名義変更をしていなかった場合、死亡保険金受取人の死亡時の法定相続人が受取人になります。受取割合については、各社が約款に明示しています（現在の保険会社の約款では、均等割合（注）とされます）。

　なお、死亡保険金は受取人固有の権利とされ、遺産分割協議の対象にはなりません。事例の場合、保険金の受取人は亡き子の妻とその子（孫）になると思われます。

解説

　この各相続人が受け取る死亡保険金については、相続税法第3条第1項第1号のみなし相続財産とされ、被保険者の代襲相続人が受け取る保険金は同第12条第1項第5号により非課税限度の対象となります。

　事例の場合、被相続人である母にとって代襲相続人にあたる亡き子の子（孫）が受取る保険金が非課税限度の対象になります。しかし、

亡き子の妻は、被相続人である母にとって代襲相続人ではないので非課税限度の対象になりません。

（注）ある保険会社の受取割合の変遷例
①昭和52年７月26日以前の契約⇒判例に従い均等割合
②昭和52年７月27日以降平成24年４月１日までの契約
　　⇒約款に従い法定相続割合
③平成24年４月２日以降の契約⇒約款に従い均等割合

法令を読んでみよう

民法第427条
　数人の債権者又は債務者がある場合において、別段の意思表示がないときは、各債権者又は各債務者は、それぞれ等しい割合で権利を有し、又は義務を負う。

⑤ 名義預金を使って保険に加入できますか？

事例

　友人から、親が友人の名前で預けている名義預金がある、これを使って生命保険に加入することを考えている、とひっそりと相談を受けました。

　そもそも、この名義預金は友人の親のお金なので、無理な話ではないかと思いますがいかがでしょうか？

回答

　名義預金とは、預金の名義となっている人が実際に預金している人ではなく、その名義を使って別の人がしている預金です。別の人の預金なので、それを使ってご自身が契約者として保険に加入するのは無理だと思います。

解説

　よくあるのは、子や孫の名義で親や祖父母などが口座を開設し、そこに親や祖父母のお金を用いて預金を行っている、という例です。成人して初めて、自分で開設したものではない預金通帳を親や祖父母から渡された、という話はよくあります。相続税の税務調査がおこなわれる際、この名義預金が問題となることがよくあります。

　名義預金が誰の財産となるかは、実質で判断されるため、その状況に応じて当該名義預金に相続税が課税されるかどうかが決まってきます。名義預金は名義人に属するとか、実際貯金を行った人物に属するとか、そういった決まりは特になく、実態にあわせて判断されるようです。

6 相続放棄をしても死亡保険金や入院給付金は受け取れますか？

事例

　主人が亡くなりました。借金がたくさんあるから相続放棄をすれば
いいけれど、保険金は受け取れるから安心しろ、と言われていました。
その後、保険会社の人が、保険金といっしょに入院給付金も受け取っ
てほしいと言ってきました。金額も少ないし、受け取っても大丈夫で
しょうか？

回答

　死亡保険金は受取人固有の財産なので、相続放棄をしていても
受け取ることができます。
　しかし、入院給付金は本来被保険者が受け取るべきものなので、
受け取ってはいけません。受け取れば、相続放棄が成立しなくな
ります。

解説

　死亡保険金がみなし相続財産に該当する場合には、相続税の課税対
象となります。この死亡保険金は、受取人固有の財産（大審院昭和
11年5月13日判決）ですから、相続放棄をしても保険金を受け取る
ことができます。

　しかし、入院給付金は本来、被保険者であるご主人が受け取るべき
ものであり、本来の相続財産です。相続放棄をした以上、これを受け
取ってはいけません。

　なお、相続人の取得した死亡保険金の額（配当金を含む。）のうち
一定額（500万円×法定相続人の数）は非課税とされています（相続
税法第12条第1項第5号参照）。相続放棄をして遺贈により死亡保険

金を受け取った場合、相続人ではない人が保険金を受け取ったものとされ、この非課税限度の対象にはなりません。

　ただし、配偶者が受け取りますので、相続税額の２割加算の規定は適用されません（相続税法第18条第１項）。

法令通達を読んでみよう

相続税法第18条

　相続又は遺贈により財産を取得した者が当該相続又は遺贈に係る被相続人の一親等の血族（当該被相続人の直系卑属が相続開始以前に死亡し、又は相続権を失つたため、代襲して相続人となつた当該被相続人の直系卑属を含む。）及び配偶者以外の者である場合においては、その者に係る相続税額は、前条の規定にかかわらず、同条の規定により算出した金額にその100分の20に相当する金額を加算した金額とする。

２　前項の一親等の血族には、同項の被相続人の直系卑属が当該被相続人の養子となつている場合を含まないものとする。ただし、当該被相続人の直系卑属が相続開始以前に死亡し、又は相続権を失つたため、代襲して相続人となつている場合は、この限りでない。

相続税法基本通達12-8

　相続を放棄した者又は相続権を失った者が取得した保険金については、法第12条第１項第５号に掲げる保険金の非課税金額の規定の適用がないのであるから留意する。

7 孫が死亡保険金を受け取っても相続財産になりませんよね？

事例

相続人に贈与した場合、相続開始前3年以内の贈与財産は相続税の課税対象に持ち戻しされると聞きました。でも、孫なら大丈夫ですよね？

ちなみに、孫には毎年の贈与の他に、自分の死亡保険金受取人にもしています。

回答

代襲相続人でない孫への贈与ならば、相続税の課税対象への加算の対象にはなりません。

しかし、死亡保険金受取人が孫の場合、孫は遺贈により死亡保険金を受け取りますから、孫が受け取った相続開始前3年以内の贈与財産は相続税の課税対象として加算されます。

解説

相続開始日前3年以内に贈与を受けた財産については、相続財産に加算されて、相続税の課税対象になります（相続税法第19条）。

贈与を受けた財産の、贈与時の価額を、贈与を受けている人の相続税の課税価格に加算するのです。つまり、あわてて相続人に生前贈与を行っても、贈与から3年以内に亡くなると、結局、相続財産に加えて相続税の計算をしないといけないのです。もし、支払った贈与税があれば、相続税の支払いの時に控除されます。

しかし、この相続開始日前3年以内の贈与についての加算は、相続人でない者への贈与については適用されません。孫や子の配偶者は通常、相続人ではありませんから、この加算の対象にはなりません。

　しかし、事例の場合、孫は相続人でなくても、遺贈で死亡保険金を受け取るのであれば、この孫への相続開始日前3年以内の贈与は、相続財産への加算の対象となり、しかも相続税は2割加算となります（相続税法第18条第1項、相続税法第19条第1項）。

　この他、遺言で孫に財産を残す場合にも注意が必要です。

法令を読んでみよう

相続税法第19条第1項

　相続又は遺贈により財産を取得した者が当該相続の開始前3年以内に当該相続に係る被相続人から贈与により財産を取得したことがある場合においては、その者については、当該贈与により取得した財産の価額を相続税の課税価格に加算した価額を相続税の課税価格とみなし、第15条から前条までの規定を適用して算出した金額（当該贈与により取得した財産の取得につき課せられた贈与税があるときは、当該金額から当該財産に係る贈与税の税額として政令の定めるところにより計算した金額を控除した金額）をもつて、その納付すべき相続税額とする。

8 死亡保険金は遺産分割しないといけないの？

事例

孫の一人が献身的に私の世話をしてくれています。死亡保険金が受取人固有の財産になるのなら、一人の孫だけに死亡保険金をたくさんあげたいのですが、大丈夫でしょうか？

回答

最高裁判例では、死亡保険金は遺産分割の対象でないので一人の孫にだけ保険金をあげても問題はありません。ただし、生命保険金額が、遺産総額の2分の1を超えると特別受益と判断される可能性があります。

解説

財産をお持ちの方が亡くなった場合、亡くなった時点に保有していた財産を基礎に法定相続分に従って、財産の分割が行われます。

しかし、特定の相続人が、「東京の大学に行かせてもらった」「家を立てるときに援助してもらった」などといった事情がある場合、これらを考慮しないで遺産分割をしようとすると、生前に財産をもらっていない相続人に不公平が生じてしまうことがあります。その利益を特別受益といい、被相続人から生前に贈与を受けた人を特別受益者といいます。

生命保険金は、本来、遺産分割協議の対象にはなりません。他の相続人に相談することなく、その受取人のものになります。これは、生命保険金は被相続人からの相続財産ではなく、保険会社から受取人が受け取る、受取人の固有の財産だからです。

しかし、生命保険金が特別受益に準じて遺産分割の対象となる可能

性があります。

　最高裁平成16年10月29日決定では、「保険金受取人である相続人とその他の共同相続人との間に生ずる不公平が民法第903条の趣旨に照らして到底是認することが出来ないほどに著しいものであると評価すべき特段の事情がある場合」には、生命保険金を相続財産に加えて遺産分割するとしています。

　判決では、「保険金の額、この額の遺産の総額に対する比率のほか、同居の有無、被相続人の介護等に対する貢献の度合いなどの保険金受取人である相続人及び他の共同相続人と被相続人との関係、各相続人の生活実態等の諸般の事情を綜合考慮して判断すべき」とされますが、具体的には個々判断とされています。

　ただ、特別受益を否認された東京地裁平成25年10月28日判決では、判断の過程で『「生命保険金」が「遺産総額」の過半を占めるか』で判断しています。これを基準に、その他の要素も交えて総合的に判断しているのかなと思われます。

　下級審の判決はいくつかありますが、保険金の額が遺産総額の約61％であった事案では持ち戻しを肯定しています（名古屋高裁平成18年3月27日決定）。また、保険金の額が遺産総額の約25％であった事案では持ち戻しを否定しています（東京地裁平成27年10月21日判決）。

　ご質問の場合、献身的に面倒をみてくれた孫に確実に多く財産を遺したいと考えるならば、その旨を書いた遺言書を作成するのがよいと思われます。

9 遺産分割に生命保険が便利と聞いたのですが？

事例

　長男に自宅不動産を譲ることにしました。二男には残す財産があまりありません。遺留分侵害額請求権ができたとも聞きますが、どうすればいいですか？

回答

　遺留分減殺請求権は遺留分侵害額請求権と金銭債権化されました。これに対応するため、契約者と被保険者を父、死亡保険金受取人を長男とした、生命保険を使った対応を検討してみましょう。

解説

　生命保険金と相続財産は、切り離して考えます。生命保険をうまく利用することで、相続をスムーズに進めることが可能です。生命保険金で代償交付金を準備することを検討しましょう。

　代償分割とは、共同相続人のうち、特定の相続人が相続財産を取得し、代償としてその相続人が自己の固有財産を他の相続人に支払う方法です。

　例えば、父が死亡して相続人が長男と二男の二人で相続財産のほとんどが自宅の場合、遺産分割の際に困ってしまいます。長男のみが自宅を相続すると、二男は不満を持ちます。長男が自宅を相続し、長男の固有の財産（生命保険金）から二男に相応の額の金銭等を渡すことで、スムーズに遺産分割ができます。

　ただし、この場合、保険金受取人を長男にしておくことが必要です。なぜなら、死亡保険金は受取人固有の財産だからです。

法令を読んでみよう

民法第1046条第1項

　遺留分権利者及びその承継人は、受遺者（特定財産承継遺言により財産を承継し又は相続分の指定を受けた相続人を含む。）又は受贈者に対し、遺留分侵害額に相当する金銭の支払を請求することができる。

通達を読んでみよう

相続税法基本通達11の2－9

　代償分割の方法により相続財産の全部又は一部の分割が行われた場合における法第11条の2第1項又は第2項の規定による相続税の課税価格の計算は、次に掲げる者の区分に応じ、それぞれ次に掲げるところによるものとする。

（1）代償財産の交付を受けた者　相続又は遺贈により取得した現物の財産の価額と交付を受けた代償財産の価額との合計額

（2）代償財産の交付をした者　相続又は遺贈により取得した現物の財産の価額から交付をした代償財産の価額を控除した金額

（注）「代償分割」とは、共同相続人又は包括受遺者のうち1人又は数人が相続又は包括遺贈により取得した財産の現物を取得し、その現物を取得した者が他の共同相続人又は包括受遺者に対して債務を負担する分割の方法をいうのであるから留意する。

⑩ 孫と養子縁組していた場合、孫は誰の相続人なの？

事例

　私の長男は早くに亡くなったため、その長男の子Aをかわいそうに思ったので、私の養子にしています。私が亡くなったら、Aの相続分はいくらになりますか？

回答

　Aは養子としての相続分と長男の代襲相続人としての相続分の両方の相続分があります。

解説

　Aは養子縁組による嫡出子の立場と長男の代襲相続人の立場の両方があります。

　しかし、「法定相続人の数」としては、1人の相続人が2人の相続人となることはなく、実子1人と数えられます（相続税法第15条第1項、相続税法基本通達15−4）。そのため、相続税に係る基礎控除の計算や死亡保険金の非課税限度の適用には注意が必要です。

　しかし、Aは養子という立場と代襲相続人という立場で両方の相続分を取得することができます。

法令通達を読んでみよう

相続税法第15条第1項

　相続税の総額を計算する場合においては、同一の被相続人から相続又は遺贈により財産を取得した全ての者に係る相続税の課税価格の合計額から、3,000万円と600万円に当該被相続人の相続人の数を乗じて算出した金額との合計額（以下「遺産に係る基礎控除額」という。）を控除する。

> 相続税法基本通達15－4
>
> 　相続人のうちに代襲相続人であり、かつ、被相続人の養子となっている者がある場合の法第15条第2項に規定する相続人の数については、その者は実子1人として計算するのであるから留意する。
>
> （注）この場合の相続分は、代襲相続人としての相続分と養子としての相続分との双方を有するのであるから留意する。

11 自分が受け取った死亡保険金を相続人で分けても大丈夫？

事例

父が亡くなり、3人兄弟姉妹のうち、長女の私だけが受取人になっていて、保険金を全額受け取りました。

気まずいので、弟と妹とで平等に分けたいのですが、大丈夫ですか？

回答

死亡保険金は受取人固有の財産です。弟や妹に保険金を渡すと、贈与になります。

解説

保険金受取人がもともと3人で、受取割合が3等分と指定されていたら、代表の方が受け取って分配しても贈与という問題は発生しません。もともと、3人が受け取るべきものだからです。

今回の場合、受け取った保険金は全額自分のお金と考え、暦年贈与の非課税枠の範囲内で弟さんや妹さんへ数年に分けて贈与していくことが考えられます。

12 なぜ夫はこんな保険の入り方をしていたのですか？

事例

　主人が亡くなりました。私と子のそれぞれを受取人にして、500万円ずつ終身保険に加入していました。なぜ、預金や現金ではなく、保険金として残していたのでしょうか？

回答

> 　死亡保険金については、「500万円×法定相続人の数」という非課税になる枠があります。ご主人はそれを使って、奥様とお子さんに、平等にお金を残したかったのだと思います。

解説

　預金や現金で財産を残しておくと、その額がそのまま相続財産に加算されるため、財産総額が高額になり、その分相続税がかかる可能性があります。

　しかし、契約者と被保険者が夫や親で、受取人が配偶者や子の相続人の場合、死亡保険金には「500万円×法定相続人の数」の非課税枠（相続税法第12条第1項第5号）があり、その分、相続財産が減ることとなります。

　この方は説明を聞いた後、受け取った保険金をもとに、自分を契約者と被保険者にして、子を受取人とした一時払終身保険にご加入されたと後日お聞きしました。この保険は、90歳近くまで簡単な手続きで加入できます。

13 両親が再婚で私は父の連れ子です。母が亡くなった時、私は相続や保険金受取をできますか？

事 例

父が先に亡くなり、母が後に亡くなりました。知らなかったのですが、両親は再婚で私は父の連れ子でした。

私は母の財産を相続できるのでしょうか？また、死亡保険金の受取人は私です。この保険金を受け取ってもいいのでしょうか？

回 答

民法の規定では、被相続人の実子または養子以外は相続人にはなれません。つまり、ご相談の場合、母と養子縁組をしていない限り、連れ子には相続する権利はありません。

しかし、死亡保険金は受取人固有の財産なので、相続ではなく、遺贈として保険金を受け取ることになります。

解 説

今回のようなケースでは、存命中に養子縁組をしておく、あるいは遺言書を書き、連れ子に財産を遺贈する旨を記しておく、のいずれかの対策がとっておくのがよいと思われます。

子連れで再婚した場合、再婚相手と子どもは自動的に法律上の親子になるわけではないため、連れ子には相続する権利がありません。

今回の場合、母の兄弟全員が相続放棄することにより、特別縁故者に対する相続財産分与で話をすすめたと後日お聞きしました。

14 保険金受取人と被保険者が同時死亡！保険金は誰の手に？

事 例

　子供がいないので、夫婦お互いを保険金受取人にして保険に加入していました。この度、不幸なことに、交通事故で夫婦が同時に亡くなってしまいました。遺言書はないようですが、残った財産や保険金はだれが受け取るのですか？

回 答

> 　同時死亡の場合、亡くなった夫婦間では相続は発生しません。ですから、夫婦それぞれの法定相続人が保険金を受け取ることになります。

解 説

　保険法第46条では、保険金受取人が被保険者の亡くなる前に死亡した場合、相続人の全員が保険金受取人となると定めています。つまり、被保険者ではなく保険金受取人を中心に考えます。

　そして、夫婦が同時死亡の場合、保険法第46条の規定に従って新たな受取人が選定されますが、夫の死亡保険金は受取人である妻の相続人に受け取る権利が発生します。

法令を読んでみよう

保険法第46条
　保険金受取人が保険事故の発生前に死亡したときは、その相続人の全員が保険金受取人となる。

15 遺言で死亡保険金受取人を変更できますか？

事例

　どうしても保険金を渡したい人がいますが、保険会社から規定外として拒絶されました。遺言で変更することはできますか？

回答

　保険法が施行された平成22年４月１日以後の契約は、原則として、遺言で変更は可能になりました。

解説

　生命保険金の受取人変更には、被保険者の同意が必要です。契約者と被保険者が違う場合、被保険者の同意が得られなければ、受取人変更ができません。

　平成22年４月１日に施行された保険法では、「保険金受取人の変更は、遺言によっても、することができる」（第44条第１項）、という規定が設けられています。そのため、同日以後に締結された生命保険契約については、遺言による保険金受取人変更ができることになりました。

　なお、遺言書には、「遺言者は、下記生命保険契約にもとづく生命保険金の受取人を○○○○（平成○○年○○月○○日生）に変更する。」と記載し、保険契約を明示（証券番号、契約日、保険期間、保険金額、保険者、契約者、被保険者等）します。

　ただし、亡くなった人が保険金の受取人を変更する旨の遺言を残している場合、相続人または遺言執行者が保険会社に連絡をして、保険金受取りの手続きをすることになります。保険法第44条第２項では、「遺言による保険金受取人の変更は、その遺言が効力を生じた後、保

険契約者の相続人がその旨を保険者に通知しなければ、これをもって
保険者に対抗することができない」とされています。

　相続人や遺言執行者が保険会社に連絡する前に、契約上の受取人が
保険金請求の手続きをした場合、保険会社は契約上の受取人に保険金
を支払います。その後に遺言により変更された受取人が保険金の請求
をしても、保険会社は二重に払ってはくれません。

第5編

資料集

（基本通達・個別通達）

1．令和3年所得税基本通達改正

〈資料1〉
「所得税基本通達の制定について」（法令解釈通達）の一部改正（案）（保険契約等に関する権利の評価）に対する意見公募手続の実施について

令和3年4月28日
国税庁

　国税庁では、「所得税基本通達の制定について」（法令解釈通達）の一部改正について、別添のとおり予定しています。

　これらの改正につき御意見等（日本語に限ります。）がありましたら、電子政府の総合窓口（e－Gov）の意見提出フォーム、ＦＡＸ又は郵便等により下記までお寄せください。

　御意見等には、氏名又は名称、連絡先及び理由を付記してください。寄せられた御意見につきましては、氏名又は名称及び連絡先を除き公表させていただく場合があります。

　なお、電話では御意見をお受けできませんのであらかじめ御了承願います。

　また、御意見等に対しましては、個別には回答いたしませんので、あらかじめ御了承願います。

【募集期間】

　　令和3年4月28日（水）から令和3年5月27日（木）まで（必着）

【御意見の提出先】

　○　電子政府の総合窓口（e－Gov）の意見提出フォームを使用する場合

　　　「パブリックコメント：意見募集中案件詳細」画面の 意見提出フォームへ のボタンをクリックし、「パブリックコメント：意見提出フォーム」より提出を行ってください。

　○　ＦＡＸの場合

　　　ＦＡＸ番号：03－3593－0405
　　　国税庁　課税部　個人課税課　審理第2係宛
　　　（ＦＡＸの件名に「『所得税基本通達』一部改正（案）に対する意見」と記載願います。）

　○　郵便等による場合

　　　〒100－8978　千代田区霞ヶ関3－1－1
　　　国税庁　課税部　個人課税課　審理第2係宛
　　　（封筒等の表面に「『所得税基本通達』一部改正（案）に対する意見」と記載願います。）

別　添

「所得税基本通達の制定について」（法令解釈通達）の一部改正（案）の概要

1　改正等の背景

　　所得税法上、使用者が、役員又は使用人に対して、生命保険契約若しくは損害保険契約又はこれら
　に類する共済契約（以下「保険契約等」といいます。）に関する権利を支給した場合には、支給時にお
　いて保険契約等を解約した場合に支払われることとなる解約返戻金の額（解約返戻金のほかに支払わ
　れることとなる前納保険料の金額、剰余金の分配額等がある場合には、これらの金額との合計額。以
　下「支給時解約返戻金の額」といいます。）で評価すると取り扱っています。

　　他方で、「低解約返戻金型保険」や「復旧することのできる払済保険」など解約返戻金の額が著しく
　低いと認められる保険契約等については、第三者との通常の取引において低い解約返戻金の額で名義
　変更等を行うことは想定されないことから、支給時解約返戻金の額で評価することは適当でないと考
　えます。

2　改正案の概要

　　法人税基本通達では、保険契約等に関する権利について、支払保険料の一部を前払保険料として資
　産に計上する取扱いが定められています。

　　このような法人税基本通達の取扱いを踏まえ、使用者が、役員又は使用人に対して、解約返戻金の
　額が著しく低いと認められる次の保険契約等に関する権利を支給した場合には、次の金額で評価する
　こととします。

⑴　支給時解約返戻金の額が支給時資産計上額の 70％に相当する金額未満である保険契約等に関す
　る権利を支給した場合には、支給時資産計上額により評価する。

⑵　復旧することのできる払済保険その他これに類する保険契約等に関する権利を支給した場合に
　は、支給時資産計上額に法人税基本通達９－３－７の２の取扱いにより使用者が損金に算入した金
　額を加算した金額により評価する。

（注１）「支給時資産計上額」とは、使用者が支払った保険料の額のうち当該保険契約等に関する権利
　　　　の支給時の直前において前払保険料として法人税基本通達の取扱いにより資産に計上すべき
　　　　金額をいい、預け金などで処理した前納保険料の金額、未収の剰余金の分配額等がある場合に
　　　　は、これらの金額を加算した金額をいいます。

（注２）今回の見直しの対象は、法人税基本通達９－３－５の２の適用を受ける保険契約等に関する
　　　　権利としていますが、法人税基本通達の他の取扱いにより保険料の一部を前払保険料に計上す
　　　　る「解約返戻率の低い定期保険等」及び「養老保険」などについては、保険商品の設計などを
　　　　調査したうえで、見直しの要否を検討します。

3　適用時期

　　改正後の所得税基本通達の取扱いは、令和３年７月１日以後に行う保険契約等に関する権利の支給
　について適用します。

（注）法人税基本通達９－３－５の２の取扱いは、令和元年７月８日以後に締結する保険契約等につ
　　　いて適用するとされていることから、同日前に締結した保険契約等は、原則として、見直しの対
　　　象にならないものと考えます。

4　新旧対照表

　　所得税基本通達36－37の新旧対照表は別紙のとおりです。

所得税基本通達新旧対照表

(注)アンダーラインを付した部分は、改正部分である

改　正　後	改　正　前
（保険契約等に関する権利の評価） 36－37　使用者が役員又は使用人に対して生命保険契約若しくは損害保険契約又はこれらに類する共済契約（以下「保険契約等」という。）に関する権利を支給した場合には、その支給時において当該保険契約等を解除したとした場合に支払われることとなる解約返戻金の額（解約返戻金のほかに支払われることとなる前納保険料の金額、剰余金の分配額等がある場合には、これらの金額との合計額。以下「支給時解約返戻金の額」という。）により評価する。 　ただし、次の保険契約等に関する権利を支給した場合には、それぞれ次のとおり評価する。 (1)　支給時解約返戻金の額が支給時資産計上額の70％に相当する金額未満である保険契約等に関する権利（法人税基本通達９－３－５の２の取扱いの適用を受けるものに限る。）を支給した場合には、当該支給時資産計上額により評価する。 (2)　復旧することのできる払済保険その他これに類する保険契約等に関する権利（元の契約が法人税基本通達９－３－５の２の取扱いの適用を受けるものに限る。）を支給した場合には、支給時資産計上額に法人税基本通達９－３－７の２の取扱いにより使用者が損金に算入した金額を加算した金額により評価する。 　(注)　「支給時資産計上額」とは、使用者が支払った保険料の額のうち当該保険契約等に関する権利の支給時の直前において前払部分の保険料として法人税基本通達の取扱いにより資産に計上すべき金額をいい、預け金などで処理した前納保険料の金額、未収の剰余金の分配額等がある場合には、これらの金額を加算した金額をいう。 附　則 （経過的取扱い） 　この法令解釈通達による改正後の所得税基本通達は、令和３年７月１日以後に行う保険契約等に関する権利の支給について適用し、同日前に行った保険契約等に関する権利の支給については、なお従前の例による。	（保険契約等に関する権利の評価） 36－37　使用者が役員又は使用人に対して支給する生命保険契約若しくは損害保険契約又はこれらに類する共済契約に関する権利については、その支給時において当該契約を解除したとした場合に支払われることとなる解約返戻金の額（解約返戻金のほかに支払われることとなる前納保険料の金額、剰余金の分配額等がある場合には、これらの金額との合計額）により評価する。

〈資料2〉
「所得税基本通達の制定について」（法令解釈通達）の一部改正（案）（保険契約等に関する権利の評価）に対する意見公募の結果について

令和3年6月18日
国　税　庁

「所得税基本通達の制定について」（法令解釈通達）の一部改正（案）については、令和3年4月28日から同年5月27日までホームページ等を通じて意見公募を行ったところ、87通の御意見をいただきました。御意見をお寄せいただきました方々の御協力に厚く御礼申し上げます。

1　御意見の提出状況

○　郵便等によるもの	2	通
○　ＦＡＸによるもの	1	通
○　インターネットによるもの	84	通
合　　　計	87	通

2　御意見の概要及び御意見に対する国税庁の考え方

　お寄せいただいた御意見の概要及び御意見に対する国税庁の考え方は別紙のとおりです。

（注）御意見の一覧については、財務省地下1階（東京都千代田区霞が関3－1－1）の閲覧窓口において閲覧することができます。

3　今後の予定

　令和3年6月下旬に改正通達を公表する予定です。

（別紙）

第5編 資料集

区分	御意見の概要	御意見に対する国税庁の考え方
支給時資産計上額での評価	● 「支給時解約返戻金の額が支給時資産計上額の 70％に相当する金額未満である保険契約等に関する権利を支給した場合には、支給時資産計上額により評価する」とされているが、支給時資産計上額はあくまで「資産として計上した帳簿価額」に過ぎず、時価ではないため、評価方法として合理性がない。 ● 名義変更時の生命保険契約の実質的な価値は、処分価値であり、その時点の解約返戻金相当額であることは明らかである。その明確である実質的な価値と異なる評価額を取ることを定めることは、税務行政を歪めることになり適切ではない。その時点の時価はあくまで解約返戻金相当額であるので、その価額で評価すべきである。	● 保険契約等の時価については、「支給時解約返戻金の額」で評価することが原則ですが、解約返戻金の額が著しく低いと認められる期間（以下「低解約返戻期間」といいます。）においては、第三者との通常の取引において低い解約返戻金の額で名義変更等を行うことは想定されないことから、「支給時解約返戻金の額」で評価することは適当でないと考えます。 ● 法人税基本通達では、法人が最高解約返戻率の高い保険契約等を締結している場合には、支払保険料の一部を資産に計上する取扱いがあります。 ● 本取扱いによる資産計上額は、各保険商品の解約返戻金の実態を精査したうえで、納税者の事務負担や計算の簡便性の観点から、最高解約返戻率に基づく一定の資産計上割合により計算した金額としたものであることから、低解約返戻期間における保険契約等の時価は「支給時資産計上額」をもって評価することが相当であり、新しい所得税基本通達の取扱いは合理性を有すると考えます。
保険契約の範囲	● 一部の介護保険について、解約返戻金がないものではあるが、今回の対象の保険と同様に第三者への名義変更が行われているケースが散見されるが見直しを行わないのか。 ● 低解約型の終身保険を利用した節税スキームも想定されるが、これに関してはどのように対応するのか。 ● 今回の通達適用が法人税基本通達９－３－５の２に限定しているが、対象外の終身保険や養老保険で低解約タイプの商品開発がされてまた販売が過熱することは容易に想像が出来るので、全契約を対象にすべきではないか。	● 今回の見直しの対象は、法人税基本通達９－３－５の２の適用を受ける保険契約等に関する権利としていますが、法人税基本通達の他の取扱いにより保険料の一部を前払保険料に計上する「解約返戻率の低い定期保険等」及び「養老保険」などについては、保険商品の設計などを調査したうえで、見直しの要否を検討することとしています。
法人間の名義変更	● 今回の改正案は法人から個人への名義変更を対象としているが法人間の名義変更時における評価についても同じ評価方法として差し支えないか。	● 改正後の所得税基本通達は、法人間の名義変更における時価の算定についても、同じ取扱いとなります。 ● この点については、改正通達の解説で明らかにする予定です。

適用時期	● 制度を変更する事は理解が出来るが、適用を遡ると言うのはおかしい。 ● 事実上の遡及立法であり、納税者の法的安定性、予測可能性を侵害して不測の損害を与える通達の発布は、憲法第84条に反するのみならず、同法第39条及び第13条の精神に悖る（国民の経済活動等における行動の自由を侵害する）ものであり、実施されるべきでは無い。 ● 税務への影響を考慮して契約締結することはごく自然であるところ、改正により、当署想定された税効果と異なる結果を招く場合には、納税者の予見可能性の観点から避けるべき。 ● 今回の改正は、改正日以後の評価から新しいルールを適用することは、これまでの他の通達改正の状況と同様かと思います。一方で、今回は保険契約に関するものであり、また、契約当初から退職金等の準備のためにあらかじめ予定した時期での契約者変更を考えていた場合が多く、その場合、当初から税務影響も考慮の上、保険契約を締結している場合があります。 ● なぜ2019年（税制改正）以降の契約が対象なのか？ 業界では古くからあった販売手法であり、もっと早く網をかけるべきである。対象契約に縛りを設けず、名義変更全契約とすべきである。	● 改正後の所得税基本通達の取扱いは、令和3年7月1日以後に行われる保険契約等に関する権利の支給について適用するとしています。 ● したがって、改正後の新しい所得税基本通達は、通達改正後に行われる保険契約等の名義変更等について適用されることから、遡及適用には当たらないと考えています。 ● なお、国税庁では、今回見直しの対象とされる保険商品の課税上の問題点等について、令和元年7月の法人税基本通達の改正時の説明会などにおいて、保険会社等に注意喚起を行っています。

（参考）今回の意見公募手続に付した「『所得税基本通達の制定について』（法令解釈通達）の一部改正（案）（保険契約等に関する権利の評価）に対する意見公募手続の実施について」の改正内容に関する御意見のみを掲載しております。

なお、「御意見の概要」欄は、重複した御意見を取りまとめた上で、要約したものを掲載しております。

〈資料3〉

1.　「所得税基本通達の制定について」の一部改正について（法令解釈通達）

課個 3-9

課法 11-22

課審 5-2

令和 3 年 6 月 25 日

　各国税局長　殿

　沖縄国税事務所長　殿

国税庁長官

（官印省略）

「所得税基本通達の制定について」の一部改正について（法令解釈通達）

　標題のことについては、下記のとおり定めたから、これによられたい。

記

　昭和 45 年 7 月 1 日付直審(所)30 「所得税基本通達の制定について」(法令解釈通達)のうち、別紙「新旧対照表」の「改正前」欄に掲げる部分を「改正後」欄のように改める。

（趣旨）

　保険契約等に関する権利の評価の取扱いについて、適正化を図るものである。

- 別紙　新旧対照表（PDF/102KB）

別紙

新　旧　対　照　表

(注)アンダーラインを付した部分は、改正部分である

改　正　後	改　正　前
（保険契約等に関する権利の評価） 36－37 使用者が役員又は使用人に対して生命保険契約若しくは損害保険契約又はこれらに類する共済契約（以下「保険契約等」という。）に関する権利を支給した場合には、その支給時において当該保険契約等を解除したとした場合に支払われることとなる解約返戻金の金額（解約返戻金のほかに支払われることとなる前納保険料の金額、剰余金の分配額等がある場合には、これらの金額との合計額、以下「支給時解約返戻金の額」という。）により評価する。 ただし、次の保険契約等に関する権利を支給した場合には、それぞれ次のとおり評価する。 (1) 支給時解約返戻金の額が支給時資産計上額の70％に相当する金額未満である保険契約等（法人税基本通達９－３－５の２の取扱いの適用を受けるものに限る。）を支給した場合には、当該支給時資産計上額により評価する。 (2) 復旧することのできる払済保険その他これに類する保険契約等に関する権利（元の契約が法人税基本通達９－３－５の２の取扱いの適用を受けるものに限る。）を支給した場合には、支給時資産計上額に法人税基本通達９－３－７の２の取扱いにより使用者が損金に算入した金額を加算した金額により評価する。 (注)「支給時資産計上額」とは、使用者が支払った保険料の額のうち支給時の直前において前払部分の保険料として法人税基本通達の取扱いにより資産に計上すべき金額をいい、預け金等で処理した前納保険料の金額、未収の剰余金の分配額等がある場合には、これらの金額を加算した金額をいう。 附　則 （経過的取扱い） この法令解釈通達による改正後の所得税基本通達は、令和３年７月１日以後に行う保険契約等に関する権利の支給について適用し、同日前に行った保険契約等に関する権利の支給については、なお従前の例による。	（保険契約等に関する権利の評価） 36－37 使用者又は使用人に対して支給する生命保険契約若しくは損害保険契約又はこれらに類する共済契約に関する権利については、その支給時において当該契約を解除したとした場合に支払われることとなる解約返戻金の金額（解約返戻金のほかに支払われることとなる前納保険料の金額、剰余金の分配額等がある場合には、これらの金額との合計額）により評価する。

〈資料4〉

○保険契約等に関する権利の評価に関する所得税基本通達の解説　　　　令和3年7月9日

【改正（下線部）】

（保険契約等に関する権利の評価）

36-37　使用者が役員又は使用人に対して生命保険契約若しくは損害保険契約又はこれらに類する共済契約（以下「保険契約等」という。）に関する権利を支給した場合には、その支給時において当該保険契約等を解除したとした場合に支払われることとなる解約返戻金の額（解約返戻金のほかに支払われることとなる前納保険料の金額、剰余金の分配額等がある場合には、これらの金額との合計額。以下「支給時解約返戻金の額」という。）により評価する。

　　ただし、次の保険契約等に関する権利を支給した場合には、それぞれ次のとおり評価する。

(1)　支給時解約返戻金の額が支給時資産計上額の 70%に相当する金額未満である保険契約等に関する権利（法人税基本通達9－3－5の2の取扱いの適用を受けるものに限る。）を支給した場合には、当該支給時資産計上額により評価する。

(2)　復旧することのできる払済保険その他これに類する保険契約等に関する権利（元の契約が法人税基本通達9－3－5の2の取扱いの適用を受けるものに限る。）を支給した場合には、支給時資産計上額に法人税基本通達9－3－7の2の取扱いにより使用者が損金に算入した金額を加算した金額により評価する。

(注)「支給時資産計上額」とは、使用者が支払った保険料の額のうち当該保険契約等に関する権利の支給時の直前において前払部分の保険料として法人税基本通達の取扱いにより資産に計上すべき金額をいい、預け金等で処理した前納保険料の金額、未収の剰余金の分配額等がある場合には、これらの金額を加算した金額をいう。

附　　則

（経過的取扱い）

　この法令解釈通達による改正後の所得税基本通達は、令和3年7月1日以後に行う保険契約等に関する権利の支給について適用し、同日前に行った保険契約等に関する権利の支給については、なお従前の例による。

【解説】

1　使用者が、契約者として保険料を払い込んでいた場合において、その契約者としての地位（権利）や保険金受取人としての地位（権利）を、役員又は使用人（以下「役員等」という。）に支給するような場合がある。

　　本通達は、使用者が、役員等に対して保険契約上の地位（権利）を支給した場合の当該地位（権利）の評価の方法を定めたものである。

　　(注) ここでいう使用者は、法人又は個人事業者を問わない。

2　本通達の前段では、保険契約上の地位（権利）について、原則として、その支給時において当該保険契約等を解約した場合に支払われる解約返戻金の額（解約返戻金のほかに支払われる前納保険料の金額、剰余金の分配額等がある場合には、これらの金額との合計額。以下「支給時解約返戻金の額」という。）により評価することを明らかにしている。

　　(注) 前納保険料とは、解約時に解約返戻金とともに保険会社から返還される保険料をいう。

3　保険契約上の地位（権利）は、上記２のとおり、「支給時解約返戻金の額」で評価することが原則であるが、「低解約返戻金型保険」など解約返戻金の額が著しく低いと認められる期間（以下「低解約返戻期間」という。）のある保険契約等については、第三者との通常の取引において低い解約返戻金の額で名義変更等を行うことは想定されないことから、低解約返戻期間の保険契約等については、「支給時解約返戻金の額」で評価することは適当でない。

　　法人税基本通達では、法人の期間損益の適正化を図る観点から、法人が最高解約返戻率の高い保険契約等を締結している場合には、支払保険料の一部を資産に計上する取扱いが定められており、本取扱いの資産計上額は、各保険商品の解約返戻金の実態を精査したうえで、納税者の事務負担や計算の簡便性を考慮した最高解約返戻率に基づく一定の割合から算出した金額としており、低解約返戻期間においては保険契約等の時価に相当するものと評価できる。

　　したがって、使用者が低解約返戻期間に保険契約上の地位（権利）を役員等に支給した場合には、次により評価することとし、その旨を本通達の後段で明らかにしている。

(1)　支給時解約返戻金の額が支給時資産計上額の70％に相当する金額未満である保険契約等に関する権利を支給した場合には、支給時資産計上額により評価する。

(2)　復旧することのできる払済保険その他これに類する保険契約等に関する権利を支給した場合には、支給時資産計上額に法人税基本通達９－３－７の２の取扱いにより使用者が損金に算入した金額を加算した金額により評価する。

　(注)　低解約返戻期間については、支給時解約返戻金の額が支給時資産計上額よりも低い期間とすることも考えられるが、保険商品の実態や所得税基本通達39－２の取扱いを踏まえ、支給時解約返戻金の額が支給時資産計上額の70％に相当する金額未満である期間を低解約返戻期間と取り扱うこととしている。

4　上記３(1)の取扱いについて、対象とする保険契約等は法人税基本通達９－３－５の２の取扱いの適用を受けるものに限ることとしている。

　　したがって、法人税基本通達９－３－６その他法人税基本通達の取扱いにより法人税基本通達９－３－５の２の取扱いを適用するとされている保険契約等は上記３(1)の取扱いの対象となるが、法人税基本通達９－３－４(1)と９－３－５の２の取扱いの選択適用が認められている組込型保険については、使用者が継続して法人税基本通達９－３－４(1)の取扱いにより支払保険料を処理している場合には、上記３(1)の取扱いの対象とならず、支給時解約返戻金の額で評価することとなる。

5　上記３(2)の取扱いについて、保険契約等では、「保険契約等は維持したいが、保険料の負担が難しい者」への対応として、「保障内容が低く、追加保険料が発生しない保険契約等」（払済保険）に変更することができる場合があり、この払済保険については、一定期間、元の契約に戻す（復旧する）ことができる場合がある。

　　保険契約等を払済保険に変更した場合、法人税基本通達９－３－７の２では、資産計上額と解約返戻金の額との差額を益金の額又は損金の額に算入するとされており、使用者の資産計上額が解約返戻金の額に洗替えされることとなる。

　　改正後の本通達では、低解約返戻期間における保険契約等について、支給時資産計上額で評価するとしているが、復旧することのできる低解約返戻金型保険を低解約返戻期間に払済保険

に変更して役員等に支給した場合、支給時資産計上額は低い解約返戻金の額に洗替えされることから、上記3(1)の取扱いの抜け穴となるおそれがある。

　　したがって、復旧することのできる払済保険その他これに類する保険契約等に関する権利を役員等に支給した場合には、支給時資産計上額に使用者が法人税基本通達9－3－7の2の取扱いにより、損金に算入した金額を加算した金額（元の契約の資産計上額）で評価することとしている。

　（注）復旧することのできる払済保険に類する保険契約等とは、保険契約等を変更した後、元の保険契約等に戻すことのできる保険契約等の全てが含まれる。

6　本通達における「支給時資産計上額」は、使用者が支払った保険料の額のうち保険契約上の地位（権利）の支給時の直前において前払保険料として法人税基本通達の取扱いにより資産に計上すべき金額としている。

　　使用者が、前払保険料として資産に計上すべき金額については、年払保険料を期間対応で処理する場合と短期の前払保険料として処理する場合（法人税基本通達2－2－14）で金額が異なることとなるが、支給時資産計上額は、使用者が選択した経理方法によって資産に計上している金額として差し支えない。

　　また、預け金等で処理した前納保険料の金額、未収の剰余金の分配額等がある場合には、これらの金額を加算した金額が支給時資産計上額とされているが、この加算する金額には、据置保険金など保険契約上の地位（権利）の支給により、役員等に移転する全ての経済的利益が含まれることとなる。

7　なお、法人が他の法人に名義変更を行うなど法人が他の法人に保険契約上の地位（権利）を移転した場合の当該地位（権利）の評価についても、本通達に準じて取り扱うこととなる。

２．令和元年法人税基本通達改正

> 「法人税基本通達の制定について」（法令解釈通達）ほか１件の一部
> 改正（案）（定期保険及び第三分野保険に係る保険料の取扱い）等に対する
> 意見公募手続の実施について
> 平成 31 年 4 月 11 日
> 国税庁

　国税庁では、「法人税基本通達の制定について」（法令解釈通達）及び「連結納税基本通達の制定について」（法令解釈通達）の一部改正並びに保険商品の類型ごとに保険料の損金算入の取扱いを定めている法令解釈通達（個別通達）の廃止について、別添のとおり予定しています。

　これらの改正等につき御意見等（日本語に限ります。）がありましたら、電子政府の総合窓口（e－Gov）の意見提出フォーム、ＦＡＸ又は郵便等により下記までお寄せください。

　御意見等には、氏名又は名称、連絡先及び理由を付記してください。寄せられた御意見につきましては、氏名又は名称及び連絡先を除き公表させていただく場合があります。

　なお、電話では御意見をお受けできませんのであらかじめ御了承願います。

　また、御意見等に対しましては、個別には回答いたしませんので、あらかじめ御了承願います。

【募集期間】

　平成 31 年 4 月 11 日(木)から平成 31 年 5 月 10 日(金)まで（必着）

【御意見の提出先】

○　電子政府の総合窓口（e－Gov）の意見提出フォームを使用する場合

　「パブリックコメント：意見募集中案件詳細」画面の 意見提出フォームへ のボタンをクリックし、「パブリックコメント：意見提出フォーム」より提出を行ってください。

○　ＦＡＸの場合

　ＦＡＸ番号：03 - 3581 - 4706

　国税庁 課税部 審理室 審理第２係宛

　（ＦＡＸの件名に「『法人税基本通達』一部改正（案）等に対する意見」と記載願います。）

○　郵便等による場合

　〒100 - 8978　千代田区霞ヶ関３ - １ - １

　国税庁 課税部 審理室 審理第２係宛

　（封筒等の表面に「『法人税基本通達』一部改正（案）等に対する意見」と記載願います。）

「法人税基本通達の制定について」（法令解釈通達）ほか 1 件の一部改正等（案）の概要

1　改正等の背景

（定期保険に係る保険料の税務上の取扱い）

　法人税法上、当該事業年度の損金の額に算入される費用の額は、別段の定めがあるものを除き、一般に公正妥当と認められる会計処理の基準に従って計算されるものとされています（法 22③、④）。企業会計原則では、前払費用については、当期の損益計算から除去し、資産の部に計上しなければならないとされており（企業会計原則第二損益計算書原則一、原則第三貸借対照表原則四、財務諸表等規則 16、31 の 2）、このような会計処理は一般に公正妥当と認められる会計処理の基準に適合するものと認められますので、法人税法上、前払部分の保険料は資産計上するのが原則となります。

　保険期間が複数年となる定期保険の支払保険料は、加齢に伴う支払保険料の上昇を抑える観点から平準化されているため、保険期間前半における支払保険料の中には、保険期間後半における保険料に充当される部分、すなわち前払部分の保険料が含まれています。しかし、その平準化された定期保険の保険料は、いわゆる掛捨ての危険保険料及び付加保険料のみで構成されており、これらを期間の経過に応じて損金の額に算入したとしても、一般に、課税所得の適正な期間計算を大きく損なうこともないと考えられることから、法人税基本通達 9 － 3 － 5 において、その保険料の額は期間の経過に応じて損金の額に算入することと取り扱っています。

　しかし、特に保険期間が長期にわたる定期保険や保険期間中に保険金額が逓増する定期保険は、その保険期間の前半において支払う保険料の中に相当多額の前払部分の保険料が含まれており、中途解約をした場合にはその前払部分の保険料の多くが返戻されるため、このような保険についても上記の法人税基本通達 9 － 3 － 5 の取扱いをそのまま適用すると課税所得の適正な期間計算を損なうこととなります。したがって、このような保険については、上記の原則的な考え方に則った取扱いとすることが適当であるため、平成 20 年 2 月 28 日付課法 2 － 3 「法人が支払う長期平準定期保険等の保険料の取扱いについて」（個別通達）により、その支払保険料の損金算入時期等に関する取扱いの適正化を図ってきました。

（いわゆる第三分野保険に係る保険料の税務上の取扱い）

　また、いわゆる第三分野保険についても上記と同様の考え方の下、昭和 54 年 6 月 8 日付直審 4 － 18 「法人契約の新成人病保険の保険料の取扱いについて」、平成元年 12 月 16 日付直審 4 － 52、直審 3 － 77 「法人又は個人事業者が支払う介護費用保険の保険料の取扱いについて」、平成 13 年 8 月 10 日付課審 4 － 100 「法人契約の『がん保険（終身保障タイプ）・医療保険（終身保障タイプ）』の保険料の取扱いについて（法令解釈通達）」及び平成 24 年 4 月 27 日付課法 2 － 5、課審 5 － 6 「法人が支払う

『がん保険』（終身保障タイプ）の保険料の取扱いについて（法令解釈通達）」により、それぞれの個別通達に定める保険について、支払保険料の損金算入時期等に関する取扱いを明らかにしてきました。

（取扱いの見直しの必要性）

　しかしながら、これらの個別通達の発遣後相当年月を経過し、①保険会社各社の商品設計の多様化や長寿命化等により、それぞれの保険の保険料に含まれる前払部分の保険料の割合にも変化が見られること、②類似する商品であっても個別通達に該当するか否かで取扱いに差異が生じていること、③前払部分の保険料の割合が高い同一の商品であっても加入年齢や保険期間の長短により取扱いが異なること、④第三分野保険のうち個別通達に定めるもの以外はその取扱いが明らかではなかったことから、各保険商品の実態を確認して、その実態に応じた取扱いとなるよう資産計上ルールの見直しを行うとともに、類似する商品や第三分野保険の取扱いに差異が生じることのないよう定期保険及び第三分野保険の保険料に関する取扱いを統一することとします。

2　改正案等の概要

(1)　定期保険及び第三分野保険の保険料に関する原則的な取扱い

　　第三分野保険の保険料は危険保険料及び付加保険料のみで構成されており、その保険料の構成は定期保険と同様と認められることから、従来の定期保険の取扱いに第三分野保険の取扱いを加え、これらの保険に含まれる前払部分の保険料が相当多額と認められる場合を除いて、期間の経過に応じて損金の額に算入することとします（法人税基本通達９−３−５）。

　　（注）　連結納税基本通達８−３−５においても同様の取扱いが定められているため、上記と同様の改正を行います。

(2)　定期保険等の保険料に相当多額の前払部分の保険料が含まれる場合の取扱い

　　法人が、自己を契約者とし、役員又は使用人（これらの者の親族を含みます。）を被保険者とする保険期間が３年以上の定期保険又は第三分野保険で最高解約返戻率が 50％を超えるものに加入して、その保険料を支払った場合には、課税所得の期間計算を適正なものとするため、その支払った保険料の額については、最高解約返戻率に応じ、それぞれ次のイからハまでにより取り扱うこととします（法人税基本通達９−３−５の２）。

　イ　最高解約返戻率が 50％超 70％以下となる場合

　　　保険期間の開始から保険期間の 100 分の 40 に相当する期間（資産計上期間）においては、支払った保険料の額のうち、その金額に 100 分の 40 を乗じた金額は資産に計上し、残額は損金の額に算入します。また、資産計上期間経過後は、支払った保険料を保険期間の経過に応じて損金の額に算入するとともに、資産に計上した金額については、保険期間の 100 分の 75 に相当する期間経過後から保険期間終了までにおいて均等に取り崩し、保険期間の経過に応じて損金の額に算入します。

　　（注）　被保険者一人当たりの年換算保険料相当額（保険期間中における支払保険料の総額を保険期間の年数で除して計算した金額をいいます。）が 20 万円以下のものについては対象としない（上記(1)の取扱いによる）こととします。

ロ　最高解約返戻率が 70%超 85%以下となる場合

　保険期間の開始から保険期間の 100 分の 40 に相当する期間（資産計上期間）においては、支払った保険料の額のうち、その金額に 100 分の 60 を乗じた金額は資産に計上し、残額は損金の額に算入します。また、資産計上期間経過後は、支払った保険料を保険期間の経過に応じて損金の額に算入するとともに、資産に計上した金額については、保険期間の 100 分の 75 に相当する期間経過後から保険期間終了までにおいて均等に取り崩し、保険期間の経過に応じて損金の額に算入します。

ハ　最高解約返戻率が 85%超となる場合

　保険期間の開始から、最高解約返戻率となる期間（当該期間経過後の各期間において、その期間における解約返戻金相当額からその直前の期間における解約返戻金相当額を控除した金額を年換算保険料相当額で除した割合が 100 分の 70 を超える期間がある場合には、その超えることとなる最も遅い期間）の終了まで（資産計上期間（※））においては、支払った保険料の額のうち、その金額に最高解約返戻率の 100 分の 70（保険期間開始から 10 年を経過するまでは、100 分の 90）を乗じた金額は資産に計上し、残額は損金の額に算入します。また、資産計上期間経過後は、支払った保険料を保険期間の経過に応じて損金の額に算入するとともに、資産に計上した額については、解約返戻金相当額が最も高い金額となる期間経過後から保険期間終了までにおいて均等に取り崩し、保険期間の経過に応じて損金の額に算入します。

　　（※）　資産計上期間が 5 年未満となる場合には保険期間の開始から 5 年を経過するまでとし、保険期間が 10 年未満である場合には、保険期間の開始から当該保険期間の 100 分の 50 に相当する期間終了までとします。

　　（注）　連結納税基本通達 8 － 3 － 5 の 2 についても同様の取扱いを定めます。

　上記の取扱いとした理由及び考え方は次のとおりです。

（最高解約返戻率に基づいて資産計上する理由等）

　支払保険料に含まれる前払部分の保険料の額は、保険契約者には通知されず、把握できないことから、その金額を資産計上することは極めて困難となります。そこで、保険契約者が把握可能な指標で、前払部分の保険料の累積額に近似する解約返戻金に着目し、解約返戻率（保険契約時において契約者に示された解約返戻金相当額について、それを受けることとなるまでの間に支払うこととなる保険料の額の合計額で除した割合をいいます。）に基づいて資産計上すべき金額を算定することが、客観的かつ合理的と考えられます。また、毎年の解約返戻率の変動に伴い資産計上割合を変動させることは煩雑であり、その平均値などを求めることも困難であることから、特定可能な最高解約返戻率を用いて資産計上割合を設定するのが計算の簡便性の観点から相当です。

　なお、解約返戻金相当額には前払部分の保険料の累計額のほかに運用益が含まれるため、運用益相当額については資産計上額に含まれないよう保険商品の実態を反映した資産計上割合を設定することとします。

（最高解約返戻率の区分に応じた資産計上のルール）

　一方で、現行の取扱いは支払保険料の額に一定割合を乗じた金額を一律の期間資産計上するとい

う納税者の事務負担に配慮した簡便的な資産計上ルールとしていることから、取扱いの見直しに当たっては、各保険商品の実態を踏まえつつ、現行の取扱いと整合性のとれた資産計上ルールとすべきと考えられます。

そこで、新たな資産計上ルールでは、最高解約返戻率が85％以下の商品については、各商品の実態に応じて、支払保険料の額に一定割合を乗じた金額を一律の期間資産計上するという現行の取扱いと同様の簡便なルールとします。これとは別に、前払部分の保険料が極めて多額となると認められる最高解約返戻率が85％超の商品については、資産計上額の累積額が前払部分の保険料の累積額に近似するよう、最高解約返戻率に応じてより高い割合で資産計上することとします。

なお、一般に、資産計上期間経過後においても解約返戻金がおおむね最高額となるまでは、支払保険料に含まれる前払部分の保険料は逓減するもののその累積額は増加していくことから、いずれの区分においても一定期間は資産計上額を据え置くこととし、一定期間経過後に均等に取り崩して損金の額に算入することで、保険期間の後半に充当される前払部分の保険料と資産計上額のうち損金の額に算入される金額とが対応するような取扱いとします。

(3)　個別通達の廃止

上記(1)の法人税基本通達９－３－５の改正等に伴い、定期保険及び第三分野保険に関する取扱いを統一することから、商品類型ごとに取扱いを定めていた個別通達を廃止します。

ただし、廃止する個別通達の適用対象となる保険契約で、平成 31 年〇月〇日（改正通達の発遣日）前の契約に係る保険料については、なお従前の例によることとします。

(4)　その他

上記(1)の法人税基本通達９－３－５の改正等に伴い、法人税基本通達９－３－４及び９－３－６から９－３－７の２までについて所要の改正を行います。

（注）　連結納税基本通達８－３－４及び８－３－６から８－３－９までについても同様の改正を行います。

3　適用時期

改正後の法人税基本通達９－３－４から９－３－７の２までの取扱いは、平成 31 年〇月〇日（改正通達の発遣日）以後の契約に係る定期保険又は第三分野保険の保険料について適用します。

（注）　改正後の連結納税基本通達８－３－５の２、８－３－４から８－３－９までの取扱いは、平成 31 年〇月〇日（改正通達の発遣日）以後の契約に係る定期保険又は第三分野保険の保険料について適用します。

4　新旧対照表

法人税基本通達９－３－４から９－３－７の２及び連結納税基本通達８－３－４から８－３－９の新旧対照表は別紙のとおりです。

〈資料 2〉
「法人税基本通達の制定について」（法令解釈通達）ほか 1 件の一部改正（案）
（定期保険及び第三分野保険に係る保険料の取扱い）等に対する意見公募の結果
について　　　　　　　　　　　　　　　　　　令和元年 6 月 28 日
　　　　　　　　　　　　　　　　　　　　　　国　　税　　庁

　「法人税基本通達の制定について」（法令解釈通達）及び「連結納税基本通達の制定
について」（法令解釈通達）の一部改正並びに保険商品の類型ごとに保険料の損金算入
の取扱いを定めている法令解釈通達（個別通達）の廃止については、平成 31 年 4 月 11
日（木）から令和元年 5 月 10 日（金）までホームページ等を通じて意見公募を行ったとこ
ろ、127 通の御意見をいただきました。御意見をお寄せいただきました方々の御協力に
厚く御礼申し上げます。

　1　御意見の提出状況
　　　○　郵便等によるもの　　　　　　6　通
　　　○　ＦＡＸによるもの　　　　　　3　通
　　　○　インターネットによるもの　118　通
　　　　　合　　　計　　　　　　　127　通

　2　御意見の概要及び御意見に対する国税庁の考え方
　　　お寄せいただいた御意見の概要及び御意見に対する国税庁の考え方は別紙 1 のと
　　おりです。また、御意見を踏まえた原案からの修正箇所は別紙 2 のとおりです。
　　　（注）御意見については、財務省地下 1 階（東京都千代田区霞が関 3 － 1 － 1）の
　　　　　閲覧窓口において閲覧することができます。

（別紙1）

区分	御意見の概要	御意見に対する国税庁の考え方
改正の必要性・対象	いわゆる節税保険は、課税の繰り延べにすぎず、また、中小企業の経営支援や福利厚生にも資するため、今までどおりの取扱いとすべきではないか。	保険期間の前半において支払う保険料の中に相当多額の前払部分の保険料が含まれており、中途解約をした場合にはその前払部分の保険料の多くが返戻されるような保険については、個別通達により、その支払保険料の損金算入時期等に関する取扱いの適正化を図ってきました。
	法人税基本通達を変更するのではなく、行き過ぎた保険商品のみ取扱いを改正するべきではないか。	今般の改正は、個別通達の発遣後相当年月を経過し、①保険会社各社の商品設計の多様化や長寿命化等により、それぞれの保険の保険料に含まれる前払部分の保険料の割合にも変化が見られること、②類似する商品であっても個別通達に該当するか否かで取扱いに差異が生じていること、③前払部分の保険料の割合が高い同一の商品であっても加入年齢や保険期間の長短により取扱いが異なること、④第三分野保険のうち個別通達に定めるもの以外はその取扱いが明らかではなかったことから、各保険商品の実態を確認して、その実態に応じた取扱いとなるよう資産計上ルールの見直しを行うとともに、類似する商品や第三分野保険の取扱いに差異が生じることのないよう定期保険及び第三分野保険の保険料に関する取扱いを統一するものです。
	改正の背景として、「個別通達の発遣後相当年月を経過」とあるが、長期平準定期保険の通達改正からおよそ10年しか経過しておらず、また、「商品設計の多様化」とあるが、前払保険料は10年前の商品より現在の商品のほうが明らかに返戻率が落ちている。長期平準定期保険の取扱いの改正には賛同できない。	
	今回の改正案は、行き過ぎた節税保険に対して適正化を図ろうとするものであり、評価できる。	なお、国税庁としては、今後とも引き続き定期保険及び第三分野保険の実態を注視してまいりたいと考えています。
	個別通達の抜け穴を突くような一部保険会社による全額損金商品の返戻率競争に歯止めをかけることは賛成である。	
	第三分野保険に「長期傷害保険」が含まれることを明記すべきではないか。	今般の改正通達の対象となる第三分野保険とは、保険業法第3条第4項第2号（免許）に掲げる保険（これに類するものを含みます。）としていますので、お尋ねの保険は、第三分野保険に該当することとなります。

中小企業については、老後の蓄えや設備投資を促すために、今までどおりの取扱いとすべきである。	今般の改正は、課税所得の期間計算を適正に行うという観点から定期保険及び第三分野保険に係る支払保険料の損金算入時期に関する取扱いの適正化を図ったものであり、御意見のような観点からその取扱いを定めることは適当ではないと考えています。
退職給与引当金や大規模修繕引当金の計上が大幅に制限されているため、その代替手段として保険が用いられているのであり、こうした観点からも、保険料の損金算入を認める必要がある。	
被保険者一人当たりの年換算保険料相当額が 20 万円以下のものについても、改正通達の対象とするべきではないか。	改正通達案9－3－5の2においては、最高解約返戻率が 70％以下の保険で、その年換算保険料相当額が少額の場合には、支払保険料の中に含まれる前払部分の保険料を期間の経過に応じて損金の額に算入したとしても、一般に、課税所得の適正な期間計算を著しく損なうこともなく、また、納税者の事務負担の簡素化にも資すると考えられることから、被保険者一人当たりの年換算保険料相当額が 20 万円以下のものについては、同通達案の適用対象から除外することとしていました。
改正案の 20 万円は、退職金を準備するには金額が低廉すぎるため、50 万円に引き上げてほしい。	しかしながら、御意見等も踏まえ、課税所得の適正な期間計算の確保と納税者の事務負担への配慮とのバランスや今般の改正の全体的な体系について改めて検討し、改正通達9－3－5の2では、被保険者一人当たりの年換算保険料相当額30万円以下のものについて、同通達の適用対象から除外することとしました。
頻繁に通達を変更するのではなく長期的な取扱いとすべきである。	国税庁としては、予測可能性の確保等の観点から、支払保険料の損金算入時期の取扱いについて、御意見のように、長期的に持続可能なものとすることが望ましいと考えています。
定期保険及び第三分野保険に係る保険料の取扱い以外の取扱いについても不明確な点があるため、明確化すべきである。	その一方で、保険会社各社の商品設計の多様化、長寿命化その他の経済環境等の変化などに伴い、その取扱いの見直しが必要と認められた場合には、適時適切に対応していく必要があると考えています。
今回改正される定期保険等に代わって、いわゆる養老保険の福利厚生プランが利用されることが懸念される。また、低解約返戻金型定期保険を個人に名義変更するいわゆる名義変更プランなどについても、対策を行う必要があるのではないか。	国税庁としては、御意見のような保険商品やその利用実態も含め、保険商品全般の実態を引き続き注視し、必要に応じて取扱いの適正化に努めてまいりたいと考えています。

資産計上期間・資産計上額	最高解約返戻率を基準値とした区分や定期保険と第三分野保険の統一化は、公平性・簡素化の観点から秀逸な改正案である。	今般の改正は、生命保険協会からのヒアリング等により、各生命保険会社が販売している各保険商品の実態を確認した上で、各保険商品の保険料の中に含まれる前払部分の保険料の累積額に近似するよう資産計上ルールを定めたものです。 また、現行の取扱いは、支払保険料の額に一定割合を乗じた金額を一律の期間資産計上するという納税者の事務負担に配慮した簡便的な資産計上ルールとしていることから、各保険商品の実態を踏まえつつ、最高解約返戻率が85%以下の商品については、現行の取扱いと同様の簡便なルールとしています。
	改正後の取扱いにおける資産計上額等の根拠は何か。	
	逓増定期保険や長期平準定期保険は、これまでの通達改正により保険料の前払部分の割合を踏まえた資産計上ルールになっており、直近の通達改正から現在まで前払部分を過度に高めるような商品改定も行われていない。今回の改正に当たっては現在販売されている逓増定期保険や長期平準定期保険のデータも分析し、全額損金商品と同様の弊害が生じていることを確認した上で改正通達の対象に含めたという理解でよいか。	
	一定の保険商品については一定の期間、全額資産計上するなど、資産計上割合を高めるべきではないか。	
	今回の改正案は厳しすぎるため、資産計上割合を下げるべきではないか。	
	期末時点における解約返戻金相当額を益金算入とし、翌年に洗替する方法によるべきではないか。	解約返戻金相当額は、その保険契約が解約等されたときの収益として認識され、法人の所得の金額の計算上、益金の額に算入されることとなります。したがって、国税庁としては、その保険契約が解約等される前に解約返戻金相当額を益金の額に算入することは適当でないと考えています。 なお、一般に、解約返戻金相当額には前払部分の保険料の累積額のほかに未実現の運用益が含まれることから、今般の改正では、この運用益相当額については資産計上額に含まれないよう、保険商品の実態に即した資産計上期間、資産計上割合及び取崩期間を設定しています。
	保険契約の権利の時価である解約返戻金の増減額を課税標準に反映する考え方をとるべきではないか。	

201

保険会社等から契約者の各期末における積立保険料及び前払金相当額を告知させ、その額を資産計上するべきではないか。告知が無い場合には、その支払保険料の全額を資産計上するべきではないか。	国税庁は、各保険会社に対し、保険商品の販売等に関して指導する立場にはありませんが、従前から、保険会社は保険商品の販売に際し、「解約返戻金については、例えば、金額を保険証券等に表示する、計算方法等を約款等に掲載するなど、保険契約者等に明瞭に開示するための措置を講じ」る必要があるとされています（金融庁「保険会社向けの総合的な監督指針」Ⅳ－1－10 解約返戻金の開示方法）。
最高解約返戻率は、資産計上額等の計算の基準となることから、保険証券などに適切に記載されるよう保険会社を指導するべきではないか。	支払保険料の中に含まれる前払部分の保険料の額は、保険契約者には通知されず、把握できないことから、今般の改正では、保険契約者が把握可能な指標で、前払部分の保険料の累積額に近似する解約返戻金に着目し、解約返戻率に基づいて資産計上すべき金額を算定することとしています。
各年度の解約返戻率を基準に資産計上割合を設定するべきではないか。	御意見のような取扱いも考えられなくもないところですが、実務上、毎年の解約返戻率の変動に伴い資産計上割合を変動させることは煩雑であることから、計算の簡便性に配慮し、保険契約者が契約時に特定可能な最高解約返戻率を用いて資産計上割合を設定することとしています。
改正案は複雑であり、経理処理の誤りを誘発するため、契約が長期間に及ぶ保険契約は、よりシンプルな税務上の取扱いとすべきではないか。	国税庁としては、税務上の取扱いを明らかにすることにより、課税の透明性・統一性の確保に努め、適正・公平な課税の実現に努めているところであり、保険商品に係る取扱いも同様です。 　今般の改正では、保険契約者が把握可能な指標である最高解約返戻率の区分に応じた資産計上ルールとし、最高解約返戻率が 85％以下の商品については、各商品の実態に応じて、支払保険料の額に一定割合を乗じた金額を一律の期間資産計上するという現行の取扱いと同様の簡便なルールとしています。 　一方、前払部分の保険料が極めて多額となると認められる最高解約返戻率が85％超の商品については、資産計上額の累積額が前払部分の保険料の累積額に近似するよう、最高解約返戻率に応じてより高い割合で資産計上することとしています。

	最高解約返戻率85%超の区分における資産計上期間の欄にある「その超えることとなる最も遅い期間」とはどのような意味なのか。 また、同じ欄の（注）のカッコ内で「保険期間が10年未満の場合には・・・」となっているが、（注）の本文が5年未満となる場合となっていることとの関係からすれば、（注）のカッコ内は「保険期間が5年を超え10年未満の場合・・・」となるのではないか。	今般の改正では、最高解約返戻率となる期間経過後の各期間において、年換算保険料相当額に対する解約返戻金相当額の増加割合が70%を超える期間がある場合には、その期間の終了の日までを資産計上期間としています。 なお、改正通達案9－3－5の2では、表の資産計上期間の欄の括弧書において、この増加割合が70%を超える期間が複数ある場合には、その最も遅い期間の終了の日までが資産計上期間となることを留意的に示していましたが、同欄の「最高解約返戻率となる期間」及び取崩期間の欄の「解約返戻金相当額が最も高い金額となる期間」と併せて、改正通達9－3－5の2の（注）3において、これらの期間が複数ある場合には、いずれもその最も遅い期間がそれぞれの期間となることを明記することとしました。 また、同欄の（注）では、同欄の本文に当てはめた場合の資産計上期間が5年未満となる場合であっても、資産計上期間を5年とすることとしていますが、保険期間が短い場合（特に保険期間が3年ないしは5年の場合）に、資産計上期間を5年とすることは適当でないため、保険期間が10年未満の場合には、その保険期間の100分の50相当期間を資産計上期間とすることとしています。
個別の取扱い	改正通達案9－3－5の2の（注）4では、契約内容の変更後の保険期間は、変更後の契約内容に基づくとあるが、最高解約返戻率の区分が変わった場合、過去の事業年度に遡って資産計上額を修正（修正申告）する必要があるのか。	過去の事業年度に遡って修正する必要はありません。 なお、改正通達案9－3－5の2の（注）4では「契約内容の変更があった場合の変更後の保険期間については」としていますが、過去の事業年度に遡って修正する必要はないことを明確にするため、「その契約内容の変更があった場合、保険期間のうち当該変更以後の期間においては、」とすることとしました。
	最高解約返戻率が50%超85%以下の場合の資産計上期間は、保険期間の100分の40相当期間を経過する日まで、とあるが、改正案9－3－5の2の(1)の（注）のとおり、その日が事業年度の月途中であれば、一月未満は切り捨てとなるのか。	御意見のとおり、取り扱うこととなります。

最高解約返戻率が85%超の場合、資産計上額は、当初10年が×90%、11年以後が×70%となるが、例えば、10年を経過する日が、法人の事業年度の中途の場合（月途中の場合）、一月未満は切り捨てるのか、切り上げるのかを明記すべきではないか。	御意見のとおり、改正通達案9-3-5の2において、最高解約返戻率が85%超となる場合に資産計上額を計算する際に、当期分支払保険料の額に最高解約返戻率の100分の90を乗ずることとなる期間の末日（保険期間の開始の日から、10年を経過する日）が事業年度の中途（月途中）となるときには、その事業年度において最高解約返戻率の100分の90を乗ずる期間に1月未満の端数が生ずることとなります。 　しかしながら、この端数について、切り捨てて計算するのか否かが明らかではありませんでしたので、その1月未満の端数を切り捨てて計算する旨を、改正通達9-3-5の2の(1)(注)に明記することとしました。
最高解約返戻率が85%超となる場合、算出される資産計上額が当期分支払保険料の額を超える可能性があるが、当期分支払保険料の額を超えて資産計上を行うのか。	御意見のとおり、改正通達案9-3-5の2の(1)において、資産計上額が当期分支払保険料の額を超過した場合の取扱いが不明確でしたので、算出される資産計上額は当期分支払保険料の額が上限となる旨を、改正通達9-3-5の2の(1)に明記することとしました。
最高解約返戻率が85%超で、解約返戻金の増加割合が70%を超える期間がある場合には、その超えることとなる最も遅い期間の終了日までを資産計上期間としているが、「その期間における解約返戻金相当額」というのは、保険期間を1年ごとに区切った場合の各期間のうち、どの時点（年初、年末、各月等）の解約返戻金相当額を用いるのか。	解約返戻率の計算や解約返戻金相当額の増加割合の判定において、各期間における解約返戻金相当額は、その保険の契約時に各保険会社がその期間の解約返戻金相当額として保険契約者に示した金額を用いることとなります。 　また、各期間における解約返戻金相当額について、各保険会社が、例えば月ごと又は半年ごとなど、複数時点の金額を示すような場合には、いずれを用いても差し支えありません。ただし、そのような場合には、保険期間を通じて、同一の時点（例えば、「各期間の終了時点」等）の解約返戻金相当額を用いる必要があります。
変額定期保険など運用実績に応じて解約返戻金が確定するため、解約返戻金が契約時点では定まらない商品はどのように取り扱えばよいか。	例えば、変額定期保険については、保険会社から契約時に示された、予定利率に基づく解約返戻金相当額を用いて差し支えありません。
同一商品でも被保険者の属性等により解約返戻率が異なる可能性があるが、最高解約返戻率は被保険者単位で判定し経理処理を行うのか、それとも商品としての最高返戻率を用い経理処理を行うのか。	最高解約返戻率による区分は、個々の契約ごとに判定し、その区分に応じた処理を行うこととなります。

解約返戻率の計算に当たり、契約者配当を解約返戻金相当額に含めて計算するのか。	いわゆる生存給付金は、解約返戻金相当額に含まれますが、一般に、利差益、死差益及び費差益を原資とする契約者配当は、解約返戻金相当額には含まれません。
解約返戻率の計算に当たり、契約者配当を解約返戻金相当額に含めて計算するべきではないか。	
最高解約返戻率の判定上、生存給付金は解約返戻金相当額に含めて計算するのか。	
最高解約返戻率を算定するに当たり、払込方法（年払・半年払・月払）により解約返戻金額が異なる場合があるが、年単位で判定してよいか。	（最高）解約返戻率は、保険契約時において契約者に示された解約返戻金相当額を用いて算定することとしていますので、契約時に選択した払込方法（年払・半年払・月払）に応じて示された解約返戻金相当額を用いて算定することとなります。
最高解約返戻率が 50％以下の第三分野保険の保険料は、法人税基本通達9－3－5の適用により、期間の経過に応じて損金算入することとなるが、保険期間が終身で保険料の払込期間が有期の場合には、どのように損金算入すればよいのか。	今般の改正により、改正通達9－3－5の2の適用がない第三分野保険については、同9－3－5が適用されることとなりますので、その支払保険料の額については、原則として、期間の経過に応じて損金の額に算入することとなります。 　しかしながら、御意見のとおり、改正通達案9－3－5において、保険期間が終身で保険料の払込期間が有期である保険の取扱いが明らかではありませんでした。 　そこで、このような保険については、改正通達9－3－5の2の（注）2と同様に、保険会社が責任準備金の積立方式及び予定死亡率その他の責任準備金の計算の基礎となるべき係数とする公益社団法人日本アクチュアリー会が作成した第三分野標準生命表2018（男）における最終年齢に基づき、保険期間の開始の日から被保険者の年齢が116歳に達する日までを計算上の保険期間とすることを、同9－3－5の（注）1に明記することとしました。

平成24年4月27日付課法2-5、課審5-6「法人が支払う『がん保険』（終身保障タイプ）の保険料の取扱いについて（法令解釈通達）」（以下「がん保険通達」といいます。）では「2⑶例外的取扱い」において、保険期間が終身で保険料の払込期間が有期の保険のうち、保険契約の解約等において払戻金のないものは、保険料の払込の都度損金算入が認められていたが、今回の改正案では、支払の都度、損金算入とすることは認められないのか。	御意見にある、今般、廃止するがん保険通達において定めている「例外的取扱い」は、その取扱いを定めた当時に発売されていたがん保険が、払込期間と保険期間（終身）に著しい差異がないという実態であったことを前提に、給与課税の対象とならない保険期間が終身、かつ、保険契約の解約等において払戻金のないがん保険については、保険契約者である納税者の事務負担に配慮し、その支払った保険料の額について、厳格に期間の経過に応じて損金算入を求めなくても、課税所得の適正な期間計算を著しく損なうことがないとの考え方の下、その保険料の支払の都度、損金算入することを認めるというものでした。
	一方で、近年、保険期間が終身で保険料の払込期間が有期のがん保険であっても、法人経営者向けに、保険料の払込期間を著しく短期間に設定し、かつ、その支払保険料の額が高額なものが販売されている実態があり、そのような「例外的取扱い」の前提としていなかった保険料の払込期間と保険期間（終身）に著しい差異がある保険に係る支払保険料の額についてまで、「例外的取扱い」の対象となり、課税所得の適正な期間計算を著しく損なう結果が生じていました。
従業員の福利厚生を目的として従業員全員を対象とする保険期間が終身のがん保険等に加入している場合、同一の保険契約にも拘わらず、加入年齢によって保険料の経理処理が異なり複雑となるため、がん保険通達で認められていた例外的取扱いを認めるべきではないか。	加えて、同様の保険契約の解約等において払戻金のない有期払込の保険であっても、定期保険やがん保険以外の第三分野保険においては、「例外的取扱い」に類する取扱いを定めていないことから、保険商品間の取扱いに差異が生じていました。
	このような考えの下、改正案においては、定期保険及び第三分野保険に該当する保険商品間の取扱いの統一化を図る観点から、この「例外的取扱い」を存置せずに、廃止することとしていました。
	しかしながら、今般の改正により、経理処理として定着している「例外的取扱い」が一切認められないこととなれば、保険契約者である納税者の事務負担が過重となるのではないか等の御意見があったことを踏まえ、新たに、法人が、払戻金（解約返戻金相当額）のない短期払の定期保険又は第三分野保険（ごく少額の払戻金のある契約を含みます。）のうち、給与課税の対象とはならないものに加入した場合において、その事業年度に支払った保険料の額（一の被保険者につき2以上のこれらの保険に加入している場合にはそれぞれについて支払った保険料の額の合計額となります。）が30万円以下のものについては、厳格に期間の経過に応じて損金算入を求めなくても課税所得の適正な期間計算を著しく損なうことがないと考えられますので、その支払った日の属する事業年度において損金算入することを認めることとし、その旨を改正通達9-3-5の（注）2に定めました。
第三分野保険は、がん患者の就労サポートや健康増進など、様々な側面での活用が考えられることから、既に定着している現行の経理処理方法が望ましい。	なお、払戻金（解約返戻金相当額）のある定期保険又は第三分野保険については、課税所得の適正な期間計算を確保する観点から、従前の取扱いと同様に、上記の取扱いは適用しません。

		災害重点保障型定期保険は、廃止される個別通達の適用対象となる保険契約に該当するのか。	個々の契約の内容によって、その取扱いは異なることとなります。
		保険設計書における解約返戻金や解約返戻率が１年ごとに記載されていない場合はどのように取り扱えばよいか。保険証券の記載事項のみで経理処理が判定できる税制を検討すべきである。	今般の改正は、保険契約者が把握可能な指標である解約返戻金相当額を用いて資産計上すべき金額を算定することとしています。 なお、解約返戻金額が不明な場合には、契約されている保険会社にお尋ねください。
適用開始時期		改正通達の適用時期は、公表から１年間など一定程度の期間を取るべきである。	改正通達の適用時期については、公正性の観点から、同一の内容の保険契約には契約の時期にかかわらず同一の取扱いとすることが適当であるとの考え方もありますが、生命保険会社が多くの商品を販売停止としている現況や、納税者の予測可能性の確保等の観点から総合的に判断し、具体的取扱いが決定次第、できる限り速やかに適用することが望ましいと考えます。
		保険商品の販売停止が長引くと様々な影響が出るため、早期に内容を確定すべきである。	
適用関係（既契約分）		既契約については、従前どおりの取扱いとすべきである。	具体的には、解約返戻金相当額のない短期払の定期保険又は第三分野保険以外の定期保険又は第三分野保険については、令和元年７月８日以後に新たに契約する保険契約に係る保険料について、改正通達を適用することとしました。 また、本意見公募手続に寄せられた御意見を踏まえ、上記のとおり、改正通達９－３－５の（注）２において、解約返戻金相当額のない短期払の定期保険又は第三分野保険について、その事業年度の支払保険料の額が30万円以下のものについては、その支払った事業年度の損金の額に算入することを認める定めを追加しました。そのため、その追加した内容の周知期間が必要となると考えられることから、これらの保険については、令和元年10月８日以後に新たに契約する保険契約に係る保険料について、改正通達を適用することとしました。 なお、定期保険及び第三分野保険のいずれにおいても、それぞれの改正通達の適用開始の日前に契約した既契約分については、それぞれの改正前の通達の取扱いの例によることとしています。
		既契約についても、今後支払う保険料については新たな取扱いとすべきである。	
		一部の保険商品については遡及して、全額を資産計上すべきである。	
		保険商品の販売を停止している保険会社も多いなか、一部の保険会社・代理店が駆け込み販売をしていることは遺憾である。改正通達の適用は、平成31年２月14日以降の契約分まで遡及すべきである。	

	金融庁により認可された保険契約について後から税の取扱いを変更すべきではない。	税の執行機関である国税庁は、金融庁による保険商品の認可について、考えを述べる立場にはありません。 　なお、国税庁では、これまでも保険会社の商品設計の多様化等により、前払部分の保険料の割合等に変化がみられる場合には、その実態に応じて見直しを行ってきています。また、今般の改正通達の適用時期については、予測可能性の確保等の観点から総合的に判断し、既契約については従前どおりの取扱いとしています。
通達によるルール制定の正当性	通達で課税の仕方を決められるのか。租税法律主義に反するのではないか。保険に関する課税の取扱いを、法人税法第22条から考えることは不可能ではないか。	法人税法上、当該事業年度の損金の額に算入される費用の額は、別段の定めがあるものを除き、「一般に公正妥当と認められる会計処理の基準に従って計算するものとする」(法人税法22④)とされています。 　企業会計原則では、前払費用については、当期の損益計算から除去し、資産の部に計上しなければならないとされており(企業会計原則第二損益計算書原則一、原則第三貸借対照表原則四、財務諸表等規則 16、31の2)、このような会計処理は一般に公正妥当と認められる会計処理の基準に適合するものと認められますので、法人税法上、前払部分の保険料は資産計上するのが原則となります。
	「計算の簡便性」を考慮した損金算入ルールを通達で作ることができる法的根拠は何か。	上記のとおり、今般の改正通達は、法人税法第22条第4項に基づいて、定期保険及び第三分野保険の保険料に関する取扱いを明らかにしたものであり、通達のみで取扱いを定めているものではありません。 　国税庁としては、課税の透明性・統一性を図るべく法令解釈通達等において実務上の取扱いを明らかにしているところです。
その他	国税庁が、今回の通達改正の方針を生命保険協会に伝達した2月14日以降、金融庁が認可した商品でありながら販売停止を各保険会社に強制指導したことについて、その法的根拠は何か。	国税庁において、各生命保険会社に対して保険商品の販売停止を求めた事実はありません。また、税の執行機関である国税庁は、各生命保険会社に対し、保険商品の販売に関する指導等をする立場にはありません。

| 今回の法令解釈通達は行政手続法の「命令等」に該当するか。「命令等の案に関連する資料」等として、最高返戻率の区分や資産計上額等の定めの合理性を裏付けるデータをあらかじめ公示すべきではないか。 | 通達とは、上級行政機関が関係下級行政機関及び職員に対して指揮監督権に基づいて行う命令であり、法人税基本通達（法令解釈通達）は、行政手続法第2条第8号に規定する「命令等」に当たります。

なお、今般の改正に際して、生命保険協会からのヒアリング等により、各生命保険会社が販売している各保険商品の実態を確認していますが、守秘義務の観点からデータの公表は差し控えさせていただきます。 |

（参考）1 「「法人税基本通達の制定について」（法令解釈通達）ほか1件の一部改正(案)（定期保険及び第三分野保険に係る保険料の取扱い）等に対する意見公募手続の実施について」の改正内容に関する御意見のみ掲載しております。

 2 「御意見の概要」欄は、重複した御意見を取りまとめた上で、要約したものを掲載しております。

〈資料3〉

法人税基本通達等の一部改正について（法令解釈通達）（定期保険及び第三分野保険に係る保険料の取扱い）

課法2-13

課審6-10

査調5-3

令和元年6月28日

昭和44年5月1日付直審（法）25「法人税基本通達の制定について」（法令解釈通達）ほか1件の法令解釈通達の一部を別紙のとおり改正するとともに、次に掲げる通達を廃止したから、これによられたい。

1　平成24年4月27日付課法2−5他1課共同「法人が支払う「がん保険」（終身保障タイプ）の保険料の取扱いについて（法令解釈通達）」

2　平成13年8月10日付課審4−100他1課共同「法人契約の「がん保険（終身保障タイプ）・医療保険（終身保障タイプ）」の保険料の取扱いについて（法令解釈通達）

3　平成元年12月16日付直審4−52他1課共同「法人又は個人事業者が支払う介護費用保険の保険料の取扱いについて」

4　昭和62年6月16日付直法2−2「法人が支払う長期平準定期保険等の保険料の取扱いについて」

5　昭和54年6月8日付直審4−18「法人契約の新成人病保険の保険料の取扱いについて」

（趣旨）

定期保険及び第三分野保険に係る保険料の取扱いについて、所要の見直しを行うために改正を行ったものである。

第１　法人税基本通達関係

　昭和44年５月１日付直審（法）25「法人税基本通達の制定について」（法令解釈通達）のうち次の「改正前」欄に掲げるものをそれぞれ「改正後」欄のように改める。

（注）アンダーラインを付した場所は、改正部分である。

改正後	改正前
（養老保険に係る保険料）	**（養老保険に係る保険料）**
９－３－４　　法人が、自己を契約者とし、役員又は使用人（これらの者の親族を含む。）を被保険者とする養老保険（被保険者の死亡又は生存を保険事故とする生命保険をいい、<u>特約</u>が付されているものを含むが、９－３－６に定める<u>定期付養老保険等</u>を含まない。以下<u>９－３－７の２</u>までにおいて同じ。）に加入してその保険料（令第135条（（確定給付企業年金等の掛金等の損金算入））の規定の適用があるものを除く。以下９－３－４において同じ。）を支払った場合には、その支払った保険の額（<u>特約</u>に係る保険料の額を除く。）については、次に掲げる場合の区分に応じ、それぞれ次により取り扱うものとする。	９－３－４　　法人が、自己を契約者とし、役員又は使用人（これらの者の親族を含む。）を被保険者とする養老保険（被保険者の死亡又は生存を保険事故とする生命保険をいい、<u>傷害特約等の特約</u>が付されているものを含むが、９－３－６に定める<u>定期付養老保険</u>を含まない。以下<u>９－３－７</u>までにおいて同じ。）に加入してその保険料（令第135条（（確定給付企業年金等の掛金等の損金算入））の規定の適用があるものを除く。以下９－３－４において同じ。）を支払った場合には、その支払った保険料の額（<u>傷害特約等の特約</u>に係る保険料の額を除く。）については、次に掲げる場合の区分に応じ、それぞれ次により取り扱うものとする。
(1)　死亡保険金（被保険者が死亡した場合に支払われる保険金をいう。以下<u>９－３－４</u>において同じ。）及び生存保険金（被保険者が保険期間の満了の日その他一定の時期に生存している場合に支払われる保険金をいう。以下９－３－４において同じ。）の受取人が当該法人である場合　その支払った保険料の額は、保険事故の発生又は保険契約の解除若しくは失効により当該保険契約が終了する時までは資産に計上するものとする。	(1)　死亡保険金（被保険者が死亡した場合に支払われる保険金をいう。以下<u>９－３－５</u>までにおいて同じ。）及び生存保険金（被保険者が保険期間の満了の日その他一定の時期に生存している場合に支払われる保険金をいう。以下９－３－４において同じ。）の受取人が当該法人である場合　その支払った保険料の額は、保険事故の発生又は保険契約の解除若しくは失効により当該保険契約が終了する時までは資産に計上するものとする。
(2)　死亡保険金及び生存保険金の受取人が被保険者又はその遺族である場合その支払った保険料の額は、当該役員又は使用人に対する給与とする。	(2)　死亡保険金及び生存保険金の受取人が被保険者又はその遺族である場合その支払った保険料の額は、当該役員又は使用人に対する給与とする。
(3)　死亡保険金の受取人が被保険者の遺族で、生存保険金の受取人が当該法人である場合　その支払った保険料の額のうち、その２分の１に相当する金額は(1)により資産に計上し、残額は期間の経過に応じて損金の額に算入する。ただし、役員又は部課長その他特定の使用人（これらの者の親族を含む。）のみを被保険者としている場合には、当該残額は、当該役員又は使用人に対する給与とする。	(3)　死亡保険金の受取人が被保険者の遺族で、生存保険金の受取人が当該法人である場合　その支払った保険料の額のうち、その２分の１に相当する金額は(1)により資産に計上し、残額は期間の経過に応じて損金の額に算入する。ただし、役員又は部課長その他特定の使用人（これらの者の親族を含む。）のみを被保険者としている場合には、当該残額は、当該役員又は使用人に対する給与とする。

改正後	改正前
（定期保険及び第三分野保険に係る保険料）	（定期保険に係る保険料）
９－３－５　法人が、自己を契約者とし、役員又は使用人（これらの者の親族を含む。）を被保険者とする定期保険（一定期間内における被保険者の死亡を保険事故とする生命保険をいい、特約が付されているものを含む。以下<u>９－３－７の２まで</u>において同じ。）<u>又は第三分野保険（保険業法第３条第４項第２号((免許))に掲げる保険（これに類するものを含む。）をいい、特約が付されているものを含む。以下９－３－７の２までにおいて同じ。）</u>に加入してその保険料を支払った場合には、その支払った保険料の額（<u>特約に係る保険料の額を除く。以下９－３－５の２までにおいて同じ。</u>）については、<u>９－３－５の２((定期保険等の保険料に相当多額の前払部分の保険料が含まれる場合の取扱い))の適用を受けるものを除き、</u>次に掲げる場合の区分に応じ、それぞれ次により取り扱うものとする。	９－３－５　法人が、自己を契約者とし、役員又は使用人（これらの者の親族を含む。）を被保険者とする定期保険（一定期間内における被保険者の死亡を保険事故とする生命保険をいい、傷害特約等の特約が付されているものを含む。以下<u>９－３－７まで</u>において同じ。）に加入してその保険料を支払った場合には、その支払った保険料の額（傷害特約等の特約に係る保険料の額を除く。）については、次に掲げる場合の区分に応じ、それぞれ次により取り扱うものとする。
(1)　<u>保険金又は給付金</u>の受取人が当該法人である場合　その支払った保険料の額は、<u>原則として、</u>期間の経過に応じて損金の額に算入する。	(1)　死亡保険金の受取人が当該法人である場合　その支払った保険料の額は、期間の経過に応じて損金の額に算入する。
(2)　<u>保険金又は給付金</u>の受取人が<u>被保険者又はその遺族</u>である場合　その支払った保険料の額は、<u>原則として、</u>期間の経過に応じて損金の額に算入する。ただし、役員又は部課長その他特定の使用人（これらの者の親族を含む。）のみを被保険者としている場合には、当該保険料の額は、当該役員又は使用人に対する給与とする。	(2)　死亡保険金の受取人が被保険者の遺族である場合　その支払った保険料の額は、期間の経過に応じて損金の額に算入する。ただし、役員又は部課長その他特定の使用人（これらの者の親族を含む。）のみを被保険者としている場合には、当該保険料の額は、当該役員又は使用人に対する給与とする
<u>(注)１　保険期間が終身である第三分野保険については、保険期間の開始の日から被保険者の年齢が116歳に達する日までを計算上の保険期間とする。</u>	
<u>２　(1)及び(2)前段の取扱いについては、法人が、保険期間を通じて解約返戻金相当額のない定期保険又は第三分野保険（ごく少額の払戻金のある契約を含み、保険料の払込期間が保険期間より短いものに限る。以下９－３－５において「解約返戻金相当額のない短期払の定期保険又は第三分野保険」という。）に加入した場合において、当該事業年度に支払った保険料の額（一の被保険者につき２以上の解約返戻金相当額のない短期払の定期保険又は第三分野保険に加入している場合にはそれぞれについて支払った保険料の額の合計額）が30万円以下であるものについて、その支払った日の属する事業年度の損金の額に算入しているときには、これを認める。</u>	

改正後	改正前
(定期保険等の保険料に相当多額の前払部分の保険料が含まれる場合の取扱い) **９－３－５の２** 法人が、自己を契約者とし、役員又は使用人(これらの者の親族を含む。)を被保険者とする保険期間が３年以上の定期保険又は第三分野保険(以下９－３－５の２において「定期保険等」という。)で最高解約返戻率が50%を超えるものに加入して、その保険料を支払った場合には、当期分支払保険料の額については、次表に定める区分に応じ、それぞれ次により取り扱うものとする。ただし、これらの保険のうち、最高解約返戻率が70%以下で、かつ、年換算保険料相当額(一の被保険者につき２以上の定期保険等に加入している場合にはそれぞれの年換算保険料相当額の合計額)が30万円以下の保険に係る保険料を支払った場合については、９－３－５の例によるものとする。 (1) 当該事業年度に次表の資産計上期間がある場合には、当期分支払保険料の額のうち、次表の資産計上額の欄に掲げる金額(当期分支払保険料の額に相当する額を限度とする。)は資産に計上し、残額は損金の額に算入する。 　(注) 当該事業年度の中途で次表の資産計上期間が終了する場合には、次表の資産計上額については、当期分支払保険料の額を当該事業年度の月数で除して当該事業年度に含まれる資産計上期間の月数(１月未満の端数がある場合には、その端数を切り捨てる。)を乗じて計算した金額により計算する。また、当該事業年度の中途で次表の資産計上額の欄の「保険期間の開始の日から、10年を経過する日」が到来する場合の資産計上額についても、同様とする。 (2) 当該事業年度に次表の資産計上期間がない場合(当該事業年度に次表の取崩期間がある場合を除く。)には、当期分支払保険料の額は、損金の額に算入する。 (3) 当該事業年度に次表の取崩期間がある場合には、当期分支払保険料の額((1)により資産に計上することとなる金額を除く。)を損金の額に算入するとともに、(1)により資産に計上した金額の累積額を取崩期間(当該取崩期間に１月未満の端数がある場合には、その端数を切り上げる。)の経過に応じて均等に取り崩した金額のうち、当該事業年度に対応する金額を損金の額に算入する。	

改正後				改正前
区分	資産計上期間	資産計上額	取崩期間	
最高解約返戻率５０％超７０％以下	保険期間の開始の日から、当該保険期間の100分の40相当期間を経過する日まで	当期分支払保険料の額に100分の40を乗じて計算した金額	保険期間の100分の75相当期間経過後から、保険期間の終了の日まで	
最高解約返戻率７０％超85％以下		当期分支払保険料の額に100分の60を乗じて計算した金額		
最高解約返戻率85％超	保険期間の開始の日から、最高解約返戻率となる期間（当該期間経過後の各期間において、その期間における解約返戻金相当額からその直前の期間における解約返戻金相当額を控除した金額を年換算保険料相当額で除した割合が100分の70を超える期間がある場合には、その超えることとなる期間）の終了の日まで (注) 上記の資産計上期間が５年未満となる場合には、保険期間の開始の日から、５年を経過する日まで（保険期間が10年未満の場合には、保険期間の開始の日から、当該保険期間の100分の50相当期間を経過する日まで）とする。	当期分支払保険料の額に最高解約返戻率の100分の70（保険期間の開始の日から、10年を経過する日までは、100分の90）を乗じて計算した金額	解約返戻金相当額が最も高い金額となる期間（資産計上期間がこの表の資産計上期間の欄に掲げる(注)に該当する場合には、当該(注)による資産計上期間）経過後から、保険期間の終了の日まで	
(注) 1 「最高解約返戻率」、「当期分支払保険料の額」、「年換算保険料相当額」及び「保険期間」とは、それぞれ次のものをいう。 　イ　最高解約返戻率とは、その保険の保険期間を通じて解約返戻率（保険契約時において契約者に示された解約返戻金相当額について、それを受けることとなるまでの間に支払うこととなる保険料の				

214

改正後	改正前
額の合計額で除した割合）が最も高い割合となる期間におけるその割合をいう。 ロ 当期分支払保険料の額とは、その支払った保険料の額のうち当該事業年度に対応する部分の金額をいう。 ハ 年換算保険料相当額とは、その保険の保険料の総額を保険期間の年数で除した金額をいう。 ニ 保険期間とは、保険契約に定められている契約日から満了日までをいい、当該保険期間の開始の日以後1年ごとに区分した各期間で構成されているものとして本文の取扱いを適用する。 2 保険期間が終身である第三分野保険については、保険期間の開始の日から被保険者の年齢が116歳に達する日までを計算上の保険期間とする。 3 表の資産計上期間の欄の「最高解約返戻率となる期間」及び「100分の70を超える期間」並びに取崩期間の欄の「解約返戻金相当額が最も高い金額となる期間」が複数ある場合には、いずれもその最も遅い期間がそれぞれの期間となることに留意する。 4 一定期間分の保険料の額の前払をした場合には、その全額を資産に計上し、資産に計上した金額のうち当該事業年度に対応する部分の金額について、本文の取扱いによることに留意する。 5 本文の取扱いは、保険契約時の契約内容に基づいて適用するのであるが、その契約内容の変更があった場合、保険期間のうち当該変更以後の期間においては、変更後の契約内容に基づいて9－3－4から9－3－6の2の取扱いを適用する。 　なお、その契約内容の変更に伴い、責任準備金相当額の過不足の精算を行う場合には、その変更後の契約内容に基づいて計算した資産計上額の累積額と既往の資産計上額の累積額との差額について調整を行うことに留意する。 6 保険金又は給付金の受取人が被保険者又はその遺族である場合であって、役員又は部課長その他特定の使用人（これらの者の親族を含む。）のみを被保険者としているときには、本文の取扱いの適用はなく、9－3－5の(2)の例により、その支払った保険料の額は、当該役員又は使用人に対する給与となる。	
（定期付養老保険等に係る保険料） **9－3－6** 法人が、自己を契約者とし、役員又は使用人（これらの者の親族を含む。）を被保険者とする定期付養老保険等（養老保険に定期保険又は第三分野保険を付したものをいう。以下9－3－7までにおいて同	**（定期付養老保険に係る保険料）** **9－3－6** 法人が、自己を契約者とし、役員又は使用人（これらの者の親族を含む。）を被保険者とする定期付養老保険（養老保険に定期保険を付したものをいう。以下9－3－7までにお

改正後	改正前
じ。）に加入してその保険料を支払った場合には、その支払った保険料の額（特約に係る保険料の額を除く。）については、次に掲げる場合の区分に応じ、それぞれ次により取り扱うものとする。 (1)　当該保険料の額が生命保険証券等において養老保険に係る保険料の額と定期保険又は第三分野保険に係る保険料の額とに区分されている場合　それぞれの保険料の額について9－3－4、9－3－5又は9－3－5の2の例による。 (2)　(1)以外の場合　その保険料の額について9－3－4の例による。	いて同じ。）に加入してその保険料を支払った場合には、その支払った保険料の額（傷害特約等の特約に係る保険料の額を除く。）については、次に掲げる場合の区分に応じ、それぞれ次により取り扱うものとする。 (1)　当該保険料の額が生命保険証券等において養老保険に係る保険料の額と定期保険に係る保険料の額とに区分されている場合　それぞれの保険料の額について9－3－4又は9－3－5の例による。 (2)　(1)以外の場合　その保険料の額について9－3－4の例による。
（特約に係る保険料） **9－3－6の2** 法人が、自己を契約者とし、役員又は使用人（これらの者の親族を含む。）を被保険者とする特約を付した養老保険、定期保険、第三分野保険又は定期付養老保険等に加入し、当該特約に係る保険料を支払った場合には、その支払った保険料の額については、当該特約の内容に応じ、9－3－4、9－3－5又は9－3－5の2の例による。	**（傷害特約等に係る保険料）** **9－3－6の2**　法人が、自己を契約者とし、役員又は使用人（これらの者の親族を含む。）を被保険者とする傷害特約等の特約を付した養老保険、定期保険又は定期付養老保険に加入し、当該特約に係る保険料を支払った場合には、その支払った保険料の額は、期間の経過に応じて損金の額に算入することができる。ただし、役員又は部課長その他特定の使用人（これらの者の親族を含む。）のみを傷害特約等に係る給付金の受取人としている場合には、当該保険料の額は、当該役員又は使用人に対する給与とする。
（保険契約の転換をした場合） **9－3－7** 法人がいわゆる契約転換制度によりその加入している養老保険、定期保険、第三分野保険又は定期付養老保険等を他の養老保険、定期保険、第三分野保険又は定期付養老保険等（以下9－3－7において「転換後契約」という。）に転換した場合には、資産に計上している保険料の額（以下9－3－7において「資産計上額」という。）のうち、転換後契約の責任準備金に充当される部分の金額（以下9－3－7において「充当額」という。）を超える部分の金額をその転換をした日の属する事業年度の損金の額に算入することができるものとする。この場合において、資産計上額のうち充当額に相当する部分の金額については、その転換のあった日に保険料の一時払いをしたものとして、転換後契約の内容に応じて9－3－4から9－3－6の2までの例（ただし、9－3－5の2の表の資産計上期間の欄の(注)を除く。）による。	**（保険契約の転換をした場合）** **9－3－7**　法人がいわゆる契約転換制度によりその加入している養老保険又は定期付養老保険を他の養老保険、定期保険又は定期付養老保険（以下9－3－7において「転換後契約」という。）に転換した場合には、資産に計上している保険料の額（以下9－3－7において「資産計上額」という。）のうち、転換後契約の責任準備金に充当される部分の金額（以下9－3－7において「充当額」という。）を超える部分の金額をその転換をした日の属する事業年度の損金の額に算入することができるものとする。この場合において、資産計上額のうち充当額に相当する部分の金額については、その転換のあった日に保険料の一時払いをしたものとして、転換後契約の内容に応じて9－3－4から9－3－6までの例による。
（払済保険へ変更した場合） **9－3－7の2** 法人が既に加入している生命保険をい	**（払済保険へ変更した場合）** **9－3－7の2** 法人が既に加入している生命保

改正後	改正前
わゆる払済保険に変更した場合には、原則として、その変更時における解約返戻金相当額とその保険契約により資産に計上している保険料の額（以下9－3－7の2において「資産計上額」という。）との差額を、その変更した日の属する事業年度の益金の額又は損金の額に算入する。ただし、既に加入している生命保険の保険料の全額（<u>特約</u>に係る保険料の額を除く。）が役員又は使用人に対する給与となる場合は、この限りでない。	険をいわゆる払済保険に変更した場合には、原則として、その変更時における解約返戻金相当額とその保険契約により資産に計上している保険料の額（以下9－3－7の2において「資産計上額」という。）との差額を、その変更した日の属する事業年度の益金の額又は損金の額に算入する。ただし、既に加入している生命保険の保険料の全額（<u>傷害特約等</u>に係る保険料の額を除く。）が役員又は使用人に対する給与となる場合は、この限りでない。
(注)1　養老保険、終身保険、<u>定期保険、第三分野保険</u>及び年金保険（特約が付加されていないものに限る。）から同種類の払済保険に変更した場合に、本文の取扱いを適用せずに、既往の資産計上額を保険事故の発生又は解約失効等により契約が終了するまで計上しているときは、これを認める。 　　2　本文の解約返戻金相当額については、その払済保険へ変更した時点において当該変更後の保険と同一内容の保険に加入して保険期間の全部の保険料を一時払いしたものとして、9－3－4から9－3－6までの例<u>（ただし、9－3－5の2の表の資産計上期間の欄の(注)を除く。）</u>により処理するものとする。 　　3　払済保険が復旧された場合には、払済保険に変更した時点で益金の額又は損金の額に算入した金額を復旧した日の属する事業年度の損金の額又は益金の額に、また、払済保険に変更した後に損金の額に算入した金額は復旧した日の属する事業年度の益金の額に算入する。	(注)1　養老保険、終身保険及び年金保険（<u>定期保険特約</u>が付加されていないものに限る。）から同種類の払済保険に変更した場合に、本文の取扱いを適用せずに、既往の資産計上額を保険事故の発生又は解約失効等により契約が終了するまで計上しているときは、これを認める。 　　2　本文の解約返戻金相当額については、その払済保険へ変更した時点において当該変更後の保険と同一内容の保険に加入して保険期間の全部の保険料を一時払いしたものとして、9－3－4から9－3－6までの例により処理するものとする。 　　3　払済保険が復旧された場合には、払済保険に変更した時点で益金の額又は損金の額に算入した金額を復旧した日の属する事業年度の損金の額又は益金の額に、また、払済保険に変更した後に損金の額に算入した金額は復旧した日の属する事業年度の益金の額に算入する。

二　経過的取扱い

改正後	改正前
（経過的取扱い…改正通達の適用時期） 　この法令解釈通達による改正後の取扱いは令和元年7月8日以後の契約に係る定期保険又は第三分野保険（9－3－5に定める解約返戻金相当額のない短期払の定期保険又は第三分野保険を除く。）の保険料及び令和元年10月8日以後の契約に係る定期保険又は第三分野保険（9－3－5に定める解約返戻金相当額のない短期払の定期保険又は第三分野保険に限る。）の保険料について適用し、それぞれの日前の契約に係る定期保険又は第三分野保険の保険料については、この法令解釈通達による改正前の取扱い並びにこの法令解釈通達による廃止前の昭和54年6月8日付直審4－18「法人契約の新成人病保険の保険料の取扱いについて」、昭和62年6月16日付直法2－2「法人が支払う長期平準定期保険等の保険料の取扱いについて」、平成元年12月16日付直審4－52「法人又は個人事業者が支払う介護費用保険の保険料の取扱いについて」、平成13年8月10日付課審4－100「法人契約の「がん保険（終身保障タイプ）・医療保険（終身保障タイプ）」の保険料の取扱いについて（法令解釈通達）」及び平成24年4月27日付課法2－5ほか1課共同「法人が支払う「がん保険」（終身保障タイプ）の保険料の取扱いについて（法令解釈通達）」の取扱いの例による。	（新設）

〈資料４〉

定期保険及び第三分野保険に係る保険料の取扱いに関するFAQ

令和元年７月８日　国税庁

　定期保険及び第三分野保険に係る保険料の取扱いについては、令和元年６月28日付課法２－13他２課共同「法人税基本通達等の一部改正について」（法令解釈通達）が発遣され、取扱通達（法基通９－３－４等）の改正とともに、個別通達の廃止が行われており、令和元年７月８日以後の契約に係る定期保険又は第三分野保険の保険料については改正後の取扱いが適用されます（解約返戻金相当額のない短期払の定期保険又は第三分野保険の保険料については、令和元年10月８日以後の契約に係るものについて、改正後の取扱いが適用されます。）。

　このＦＡＱは、改正後の通達に関して寄せられた主な質問に対する回答を取りまとめたものです。

（注）

　１．このＦＡＱは、令和元年６月28日現在の法令・通達に基づいて作成しています。

　　なお、「法人税基本通達」のほか、「連結納税基本通達」についても同様の改正が行われています（連基通８－３－４から８－３－９まで）。

　２．このＦＡＱにおいて使用している次の省略用語は、それぞれ次に掲げる通達を示します。

　　法基通：法人税基本通達、連基通：連結納税基本通達

【適用時期】

[Q1]　改正通達の適用時期はどのようになりますか。

[A]

　　　　　改正後の法基通及び連基通の取扱い（解約返戻金相当額のない短期払の定期保険又は第三分野保険を除きます。）は、令和元年7月8日以後の契約に係る定期保険又は第三分野保険の保険料について適用されますので、同日前の契約に遡って改正後の取扱いが適用されることはありません。

　　　　　また、法基通9－3－5の(注)2及び連基通8－3－5の(注)2に定める解約返戻金相当額のない短期払の定期保険又は第三分野保険の保険料については、令和元年10月8日以後の契約に係るものについて、改正後の取扱いが適用されますので、同日前の契約に遡って改正後の取扱いが適用されることはありません。

　　　　　なお、上記のそれぞれの日前の契約に係る定期保険又は第三分野保険の保険料については、引き続き、改正前の法基通若しくは連基通又は廃止前の各個別通達の取扱いの例によることとなります。

保険の種類		適用関係			
		7／8前契約	7／8以後契約	10／8前契約	10／8以後契約
定期保険		旧9-3-5他 廃止前個別通達	新9-3-5、9-3-5の2他		
	無解約返戻金・短期払 30万以下	旧9-3-5他			新9-3-5他
					新9-3-5の(注)2
第三分野保険		廃止前個別通達	新9-3-5、9-3-5の2他		
	無解約返戻金・短期払 30万以下	廃止前個別通達 （廃止前のがん保険通達の(3)例外的取扱い）			新9-3-5他
					新9-3-5の(注)2

【当期分支払保険料の額】

[Q2]　法基通9－3－5の2では、「当期分支払保険料の額」について、一定額を資産に計上し、あるいは損金の額に算入するとされていますが、この「当期分支払保険料の額」はどのように計算するのですか。

　　　　また、保険料を年払としている場合には、法基通2－2－14（（短期の前払費用））により損金算入した金額を当期分支払保険料の額とすることは認められますか。

[A]

　　　　　「当期分支払保険料の額」とは、その支払った保険料の額のうち当該事業年度に対応する部分の金額をいいます（法基通9－3－5の2(注)1のロ）。したがって、例えば、いわゆる前納制度を利用して前納金を支払った場合や保険料を短期払した場合など、一定期間分の保険料の額の前払をしたときには、その全額を資産に計上し、資産に計上した金額のうち当該事業年度に対応する部分の金額が、当期分支払保険料の額として法基通9－3－5の2の本文の取扱いによることとなります（法基通9－3－5の2(注)4）。

また、法基通２－２－14により、支払日から１年以内に提供を受ける役務に係るものを支払った場合（例えば、保険料を年払としている場合）において、その支払額に相当する金額を継続して支払日の属する事業年度の損金の額に算入しているときは、その金額を当期分支払保険料の額とすることは認められます。

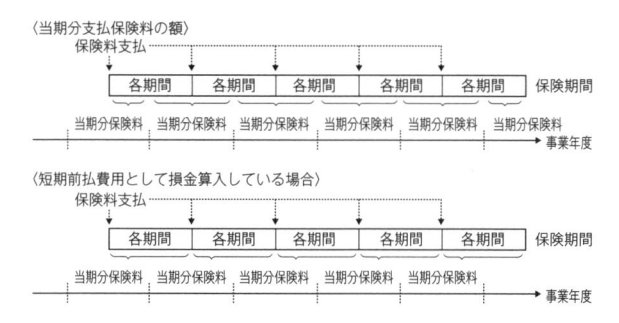

【資産計上期間と取崩期間】

［Q３］ 法基通９－３－５の２の表のうち、最高解約返戻率が 85％超の区分となる場合の資産計上期間の欄や取崩期間の欄にある「期間」とは、どのような意味ですか。

［Ａ］

法基通９－３－５の２では、保険期間を基に資産計上期間及び取崩期間を設定し、各事業年度に資産計上期間又は取崩期間があるか否かにより、当期分支払保険料の額の取扱いを定めています。

ここで、「保険期間」とは、保険契約に定められている契約日から満了日までの期間をいい、当該保険期間の開始の日（契約日）以後１年ごとに区分した各期間で構成されているものとしています（法基通９－３－５の２（注）１のニ）。したがって、最高解約返戻率が 85％超の区分となる場合における資産計上期間の欄や取崩期間の欄にある「期間」とは、保険期間の開始の日（契約日）以後１年ごとに区分した各期間のうちの特定の期間（例えば、「最高解約返戻率となる期間」や「解約返戻金相当額が最も高い金額となる期間」など）のことをいい、当該法人の各事業年度とは異なります。

【（最高）解約返戻率と解約返戻金相当額】

［Q４］ （最高）解約返戻率の計算や、最高解約返戻率が 85％超の区分となる場合の資産計上期間の判定に用いる「解約返戻金相当額」は、どのように把握するのですか。また、解約返戻率に端数が生じた場合はどうするのですか。

［Ａ］

保険期間中の各期間における解約返戻金相当額は、契約時に保険会社から各期

間の解約返戻金相当額として保険契約者に示された金額（「〇年目の解約返戻金△
△円」などと示された金額）によることとなります。

　なお、この金額は、各保険商品の標準例としてパンフレット等に記載された金
額ではなく、保険設計書等に記載される個々の契約内容に応じて設定される金額
となります。

　また、解約返戻率は、解約返戻金相当額について、それを受けることとなるま
での間に支払うこととなる保険料の額の合計額で除した割合としていますので
（法基通９－３－５の２(注)１のイ）、これに端数が生じた場合、原則として、端
数の切捨て等を行わずに最高解約返戻率を計算することとなりますが、現状、各
保険会社は小数点１位までの数値により解約返戻率を通知しているという実務や
経理事務の簡便性を考慮し、小数点２位以下の端数を切り捨てて計算した解約返
戻率が保険設計書等に記載されている場合には、その解約返戻率を用いて最高解
約返戻率の区分を判定しても差し支えありません。

[Q５]　いわゆる前納制度を利用して前納金を支払った場合や、保険料を短期払込とし
た場合、（最高）解約返戻率はどのように計算するのですか。

　[Ａ]

　いわゆる前納制度を利用して前納金を支払った場合には、各期間の保険料とし
て充当されることとなる部分の額の合計額を分母とし、その合計額に係る解約返
戻金相当額を分子として（最高）解約返戻率を計算することとなります。

　一方で、保険料を短期払込とした場合には、各期間までに実際に支払うことと
なる短期払込の保険料の額の合計額を分母とし、その合計額に係る解約返戻金相
当額を分子として（最高）解約返戻率を計算することとなります。

　また、最高解約返戻率が 85％超の区分となる場合の資産計上期間の判定におけ
る解約返戻金相当額についても同様に計算することになります。

　なお、契約者には、上記のことを踏まえた解約返戻金相当額が保険会社から示
されるものと考えられます。

[Q６]　特約に係る保険料や特別保険料を支払った場合、（最高）解約返戻率はどのよう
に計算するのですか。

　[Ａ]

　保険給付のない特約に係る保険料（例えば、保険料払込免除特約等）や特別保
険料は、主契約に係る保険料に含め、また、当該特約保険料や特別保険料を含め
たところで計算される解約返戻金相当額により、（最高）解約返戻率を計算するこ
ととなります。

　なお、保険給付のある特約に係る保険料は、主契約に係る保険料とは区分して
取り扱われることとなります（法基通９－３－６の２）（[Q18] 参照）。

[Q７]　契約者配当の額や、いわゆる「生存給付金」、「無事故給付金」は、解約返戻金

相当額に含まれますか。

［Ａ］

　　契約者配当の額は、一般に、利差益、死差益及び費差益から成り、将来の払戻しを約束しているものではないため、解約返戻金相当額には含まれません。したがって、契約時の参考指標として、過去の契約者配当の実績を踏まえた予想配当額が示されている場合でも、解約返戻金相当額に含める必要はありません。ただし、契約時に、契約者配当が確実に見込まれているような場合は、この限りではありません。

　　次に、いわゆる「生存給付金」や「無事故給付金」は、契約者に将来の払戻しを約束しているものですので、解約返戻金相当額に含まれます。したがって、契約時に、保険会社が各期間の「解約返戻金」として示す金額と「生存給付金」や「無事故給付金」とを区分して表示している場合には、これらの金額を合計した金額が解約返戻金相当額となります。

［Ｑ８］　いわゆる「変額保険」、「積立利率変動型保険」、「外貨建て保険」及び「健康増進型保険」のように、将来の解約返戻金相当額が確定していない場合、解約返戻金相当額はどのように把握するのですか。

［Ａ］

　　いわゆる「変額保険」や「積立利率変動型保険」については、契約時に示される予定利率を用いて計算した解約返戻金相当額を用いて差し支えありません。また、「外貨建て保険」については、契約時の為替レートを用いて計算した解約返戻金相当額を用いて差し支えありません。

　　なお、いわゆる「健康増進型保険」については、保険商品ごとにその契約内容が異なりますので、その取扱いは個別に判断する必要がありますが、将来の達成が不確実な事由（例えば、毎日１万歩歩くなど）によって、キャッシュバックが生じたり支払保険料等が変動するような商品については、そのキャッシュバックが生じないあるいは支払保険料等の変動がないものとして、契約時に示される解約返戻金相当額とこれに係る保険料によって（最高）解約返戻率を計算して差し支えありません。

　　また、これらの事由が契約後に確定した場合には、契約内容の変更（［Ｑ11］参照）には該当しないものとして差し支えありません。

【年換算保険料相当額が 30 万円以下の場合】

［Ｑ９］　年換算保険料相当額が 30 万円以下か否かは、どのように判定するのですか。

［Ａ］

　　年換算保険料相当額が 30 万円以下か否かは、保険会社やそれぞれの保険契約への加入時期の違いにかかわらず、一の者（例えば、代表取締役：甲）を被保険者として、その法人が加入している全ての定期保険等に係る年換算保険料相当額の合計額で判定することとなりますが、その判定に際しては、特に次の点に留意す

　　る必要があります。

① 　合計額に含めるのは、保険期間が3年以上の定期保険又は第三分野保険で最高解約返戻率が50%超70%以下のものに係る年換算保険料相当額となります。

　　なお、役員又は部課長その他特定の使用人（これらの者の親族を含みます。）のみを被保険者としている場合で、その保険料の額が当該役員又は使用人に対する給与となるものは、判定に含める必要はありません。

② 　事業年度の途中で上記①の定期保険等の追加加入又は解約等をした場合の取扱いは次のとおりです。

　　最初に加入した定期保険等に係る年換算保険料相当額が30万円以下で、当期に追加加入した定期保険等に係る年換算保険料相当額を合計した金額が30万円超となる場合には、最初に加入した定期保険等に係る当期分支払保険料の額のうちその追加加入以後の期間に対応する部分の金額については、法基通9－3－5の2の取扱いによることとなります（経理事務が煩雑となるため、追加加入した日を含む事業年度に係る当期分支払保険料の額の全額について同通達の取扱いによることとしている場合には、それでも差し支えありません。）。

　　反対に、2つの定期保険等に加入している場合で、事業年度の途中に一方の定期保険等を解約等したことにより、年換算保険料相当額の合計額が30万円以下となるときには、他の定期保険等に係る当期分支払保険料の額のうちその解約等以後の期間に対応する部分の金額については、法基通9－3－5の2の取扱いの適用はありません（経理事務が煩雑となるため、解約等した日を含む事業年度に係る当期分支払保険料の額の全額について同通達の取扱いによらないこととしている場合には、それでも差し支えありません。）。この場合、既往の資産計上額の累積額については、保険期間の100分の75相当期間経過後から、保険期間の終了の日までの取崩期間の経過に応じて取り崩すこととなります。

③ 　改正通達の適用日前に契約した定期保険等に係る年換算保険料相当額は判定に含める必要はありません。

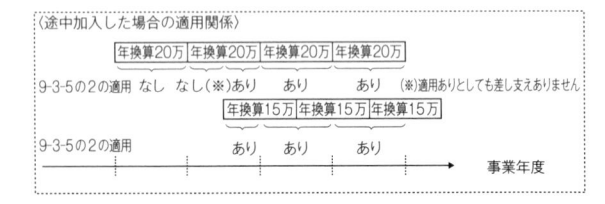

【最高解約返戻率が85%超となる場合の資産計上期間】

［Q10］　最高解約返戻率が85%超の区分となる場合の資産計上期間は、どのように判定するのですか。特に、法基通9－3－5の2の表中の資産計上期間の欄の（注）は、どのような場面で適用されるのですか。

［Ａ］

　　最高解約返戻率が 85％超の区分となる場合の資産計上期間は、原則として、保険期間の開始日から、最高解約返戻率となる期間の終了の日までとなります。ただし、最高解約返戻率となる期間経過後の期間においても、その支払保険料の中に相当多額の前払部分の保険料が含まれている場合（解約返戻金相当額の対前年増加額を年換算保険料相当額で除した割合が７割を超える場合）には、７割を超える期間の終了の日まで資産計上期間が延長されることとなります。

　　なお、この増加割合が７割を超える期間が複数ある場合には、その最も遅い期間の終了の日までが資産計上期間となります（法基通９－３－５の２（注）３）。

　　また、最高解約返戻率となる期間が極めて早期に到来し、その後、解約返戻率が急減するような商品については、資産計上期間を最低でも５年間とする必要があります。ただし、そのような商品であっても、保険期間が 10 年未満である場合の資産計上期間については、保険期間の５割相当期間となります。したがって、例えば、法基通９－３－５の２の表中の資産計上期間の欄の本文に従って計算された資産計上期間が３年、かつ、保険期間が８年の保険契約の場合、その資産計上期間は４年となります。

【契約内容の変更】

［Q11］　法基通９－３－５の２（注）５にある「契約内容の変更」とは、どのような変更をいうのですか。

［Ａ］

　　法基通９－３－５の２は、契約時の最高解約返戻率の区分に応じて資産計上期間、資産計上割合及び取崩期間を設定していますので、解約返戻率の変動を伴う契約内容の変更や保険期間の変更は、原則として、「契約内容の変更」に当たり、例えば、次に掲げるような変更が該当します。

⑴ 払込期間の変更（全期払（年払・月払）を短期払に変更する場合等）

⑵ 特別保険料の変更

⑶ 保険料払込免除特約の付加・解約

⑷ 保険金額の増額、減額又は契約の一部解約に伴う高額割引率の変更により解約返戻率が変動する場合

⑸ 保険期間の延長・短縮

⑹ 契約書に記載した年齢の誤りの訂正等により保険料が変動する場合

　　一方で、例えば、次に掲げるような変更は、原則として、「契約内容の変更」には当たりません。

⑺ 払込方法の変更（月払を年払に変更する場合等）

⑻ 払込経路の変更（口座振替扱いを団体扱いに変更する場合等）

⑼ 前納金の追加納付

⑽ 契約者貸付

⑾ 保険金額の減額（部分解約）

　なお、保険給付のある特約に追加加入した場合、その特約に係る保険料は、主契約に係る保険料とは区分して取り扱われることとなりますので、特約の付加に伴う高額割引率の変更により主契約の保険料が変動するようなことがない限り、主契約の「契約内容の変更」としては取り扱われません（法基通 9 − 3 − 6 の 2 ）（[Q18] 参照）。

　また、契約の転換、払済保険への変更、契約の更新も、法基通 9 − 3 − 5 の 2 （注）5 の「契約内容の変更」としては取り扱われません（[Q14] 参照）。

　上記のとおり、解約返戻率の変動を伴う契約内容の変更は、原則として、「契約内容の変更」に当たることから、次の [Q12] の処理を行う必要がありますが、「契約内容の変更」により最高解約返戻率が低くなることが見込まれる場合で、経理事務が煩雑となるため、あえて [Q12] の処理を行わないこととしているときには、それでも差し支えありません。

[Q12]　定期保険等に加入後、「契約内容の変更」があった場合、具体的には、どのような処理を行うのですか。

[A]

　法基通 9 − 3 − 5 の 2 は、契約時の契約内容に基づいて適用されますので、その契約後に契約内容の変更があった場合、保険期間のうち当該変更があった時以後の期間においては、変更後の契約内容に基づいて法基通 9 − 3 − 4 から 9 − 3 − 6 の 2 までの取扱いを適用することとなります（法基通 9 − 3 − 5 の 2 （注）5 ）。

　なお、保険料や保険金額の異動（これに伴い解約返戻率も変動）を伴う契約内容の変更がある場合には、変更前の責任準備金相当額と変更後の契約内容に応じて必要となる責任準備金相当額との過不足の精算を行うのが一般的であり、これにより、責任準備金相当額は契約当初から変更後の契約内容であったのと同じ額となりますので、税務上の資産計上累積額もこれに合わせた調整を行う必要があります。

　具体的には、変更時に精算（追加払い又は払戻し）される責任準備金相当額を損金の額又は益金の額に算入するとともに、契約当初から変更後の契約内容であったとした場合の各期間の解約返戻率を基にその保険期間に係る最高解約返戻率の区分を再判定して契約当初から変更時までの資産計上累積額を計算し、これと既往の資産計上累積額との差額について、変更時の益金の額又は損金の額に算入することとなります。この調整により、税務上の資産計上累積額は契約当初から変更後の契約内容であったのと同じ額となります（この処理は、契約変更時に行うものですので、過去の事業年度に遡って修正申告等をする必要はありません。）。

　変更後の各事業年度における当期分支払保険料の額については、上記の新たな最高解約返戻率の区分に応じて取り扱い、上記の調整後の資産計上累積額についても、この新たな区分に応じた取崩し期間に従って取り崩すこととなります。

　また、最高解約返戻率が 85％以下の場合で、最高解約返戻率の区分に変更がないときには、資産計上期間や資産計上割合は変わらないことから、必ずしも上記

の処理によることなく、責任準備金相当額の精算のみを行う処理も認められます。例えば、①責任準備金相当額の追加払があった場合に、変更後の保険料に含めて処理することや、②責任準備金相当額の払戻しがあった場合に、既往の資産計上累積額のうち払い戻された責任準備金相当額に応じた金額を取り崩すといった処理も認められます。

〔責任準備金相当額の追加払がある場合〕

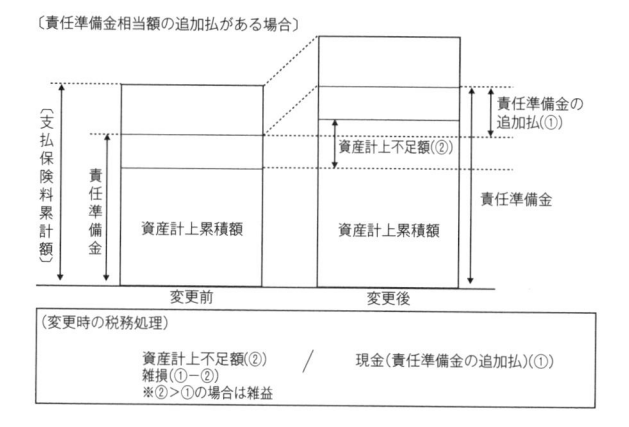

[Q13]　改正通達の適用日前の契約に係る定期保険等について、改正通達の適用日以後に契約内容の変更があった場合はどのように取り扱われるのですか。

[A]

改正通達の適用日前の契約に係る定期保険等の保険料については、改正通達の適用日以後に契約内容の変更があった場合であっても、改正前の取扱い又は廃止前の個別通達の取扱いの例によりますので、改正後の取扱いは適用されません。

[Q14]　改正通達の適用日前の契約に係る定期保険等について、改正通達の適用日後に、転換、払済保険への変更、契約の更新、保険給付のある特約の付加があった場合はどのように取り扱われるのですか。

[A]

契約の転換は、既契約の保険契約を新たな契約に切り替えるものですので、改正通達の適用日前の契約に係る定期保険等を改正通達の適用日後に転換した場合には、転換後の契約については、改正後の取扱いによることとなります（[Q19]参照）。このことは、改正通達の適用日後に払済保険に変更した場合も同様です。

次に、契約の更新も、既契約の保険契約を新たな契約に切り替えるものですので、改正通達の適用日前の契約に係る定期保険等を改正通達の適用日後に更新し

た場合には、更新後の契約については、改正後の取扱いによるのが相当と考えられます。ただし、実務的には自動更新される場合が多く、契約者にとっては新たな保険に加入したとの認識もないため、自動更新を前提に保険に加入した契約者の予測可能性の確保等の観点から、保障内容に変更のない自動更新については新たな契約とは取り扱わずに、改正前の取扱いによって差し支えありません。

なお、改正通達の適用日前の契約に係る定期保険等について、改正通達の適用日後に、保険給付のある特約を付加した場合には、その特約に係る保険料については、改正後の取扱いによることとなります。

【解約返戻金相当額のない短期払の定期保険又は第三分野保険】

［Q15］　法基通９－３－５の（１）及び（２）では、支払った保険料の額は、原則として、保険期間の経過に応じて損金の額に算入するとされていますが、同通達の（注）２では、保険料を支払った日の属する事業年度の損金の額に算入することが認められています。具体的には、どのような場合に（注）２の対象となるのですか。

［Ａ］

法人が支払った保険料の額は、原則として、保険期間の経過に応じて損金の額に算入することとなりますが、納税者の事務負担に配慮し、法人が、保険期間を通じて解約返戻金相当額のない短期払の定期保険又は第三分野保険に加入した場合において、一の被保険者につき当該事業年度に支払った保険料の額が30万円以下であるものについて、その支払った日の属する事業年度の損金の額に算入しているときには、その処理が認められます（法基通９－３－５の（注）２）。

なお、役員又は部課長その他特定の使用人（これらの者の親族を含みます。）のみを被保険者としている場合で、その保険料の額が当該役員又は使用人に対する給与となるものについては、（注）２の取扱いは適用されません。

（注）法基通９－３－５の２では、年換算保険料相当額（保険料総額を保険期間の年数で除した金額）により、同通達の適用対象となるかを判定しますが、同９－３－５の（注）２では、年換算保険料相当額とは異なり当該事業年度中に支払った保険料の額で適用関係を判定することに留意する必要があります。

［Q16］　保険期間のうち一定期間のみ解約返戻金のない商品は、法基通９－３－５の（注）２の対象となりますか。

また、「ごく少額の払戻金がある契約」とは、どのような契約をいうのですか。

［Ａ］

法基通９－３－５の（注）２は、「保険期間を通じて」解約返戻金相当額のない定期保険又は第三分野保険と定めていますので、例えば、保険料払込期間中は解約返戻金相当額がないものの、払込期間終了以後は解約返戻金相当額があるような商品は、同通達の対象となりません。

なお、ここでいう解約返戻金相当額とは、法基通９－３－５の２の解約返戻金

相当額と同じ意味です（[Ｑ７]参照）。

　また、現行の終身保障の第三分野保険のなかには、払込期間終了以後、ごく少額の解約返戻金や死亡保険金が支払われる商品や、保険期間中にごく少額の健康祝金や出産祝金などが支払われる商品が多くありますが、このように、ごく少額の払戻金しかない商品については、解約返戻金相当額のない保険に含まれます。

　「ごく少額の払戻金」の範囲について、現行の商品では、入院給付金日額などの基本給付金額（５千円～１万円程度）の10倍としている商品が多いようであり、このような払戻金は、一般的にはごく少額のものと考えられますが、ごく少額か否かは、支払保険料の額や保障に係る給付金の額に対する割合などを勘案して個別に判断することとなります（廃止された、いわゆる「がん保険通達」と考え方が変わるものではありません。）。

[Q17]　当該事業年度に支払った保険料の額が30万円以下か否かは、どのように判定するのですか。

[A]

　当該事業年度に支払った保険料の額が30万円以下か否かについては、特に次の点に留意する必要があります。

①　一の被保険者（例えば、代表取締役：甲）につき、法基通９－３－５の(注)２に定める「解約返戻金相当額のない短期払の定期保険又は第三分野保険」に複数加入している場合は、保険会社やそれぞれの保険契約への加入時期の違いにかかわらず、その全ての保険について当該事業年度に支払った保険料の額を合計して判定することとなります。したがって、例えば、年払保険料20万円の無解約返戻金型終身医療保険（払込期間30年）と年払保険料100万円の無解約返戻金型終身がん保険（払込期間５年）に加入して当該事業年度に保険料を支払った場合、いずれの保険についても、同通達の(注)２の取扱いは認められず、それぞれの保険期間（保険期間の開始から116歳までの期間）の経過に応じて損金算入することとなります。

　なお、役員又は部課長その他特定の使用人（これらの者の親族を含みます。）のみを被保険者としている場合で、その保険料の額が当該役員又は使用人に対する給与となるものは、判定に含める必要はありません。

②　事業年度の途中で「解約返戻金相当額のない短期払の定期保険又は第三分野保険」の追加加入又は解約等をした場合の取扱いは次のとおりです。

　最初に加入した定期保険又は第三分野保険の年払保険料の額が30万円以下で、事業年度の途中で追加加入した定期保険又は第三分野保険について当該事業年度に支払った保険料の額との合計額が30万円超となる場合には、当該事業年度に支払ったいずれの保険料についても、同通達の(注)２の取扱いは認められず、それぞれの保険期間の経過に応じて損金の額に算入することとなります。

　反対に、２つの定期保険又は第三分野保険に加入している場合で、事業年度の途中に一方の保険を解約等したことにより、当該事業年度に支払った保険料

　　　の合計額が30万円以下となるときには、当該事業年度に支払った保険料の額を
　　　当期の損金の額に算入することができます。
　③　改正通達の適用日前に契約した「解約返戻金相当額のない短期払の定期保険
　　　又は第三分野保険」に係る支払保険料の額は判定に含める必要はありません。

【特約に係る保険料】

[Q18]　特約に係る保険料を支払った場合、どのように取り扱われるのですか。

　[A]

　　　法人が、自己を契約者とし、役員又は使用人（これらの者の親族を含みます。）
　　を被保険者とする特約を付した養老保険、定期保険、第三分野保険又は定期付養
　　老保険等に加入し、当該特約に係る保険料を支払った場合には、その支払った保
　　険料の額については、当該契約の内容に応じ、法基通9－3－4、9－3－5又
　　は9－3－5の2の例によることとなります（法基通9－3－6の2）。
　　　ここでいう特約とは、保険給付がある特約のことをいい、保険給付がある特約
　　に係る保険料を支払った場合には、主契約に係る保険料とは区別して、法基通9
　　－3－4、9－3－5又は9－3－5の2の取扱いによることとなります。
　　　一方で、保険給付のない特約に係る保険料（例えば、保険料払込免除特約に係
　　る保険料）は、主契約に係る保険料に含めて各通達の取扱いによることとなりま
　　す（[Q6]及び[Q11]参照）。

【保険契約の転換】

[Q19]　いわゆる契約転換制度により、現在加入している養老保険を定期保険又は第三
　　　　分野保険に転換した場合、転換後契約はどのように取り扱われるのですか。

　[A]

　　　いわゆる契約転換制度により、現在加入している養老保険を定期保険又は第三
　　分野保険に転換した場合には、養老保険の保険料について資産計上した金額のうち、転換
　　後の定期保険又は第三分野保険の責任準備金に充当される部分の金額（充当額）を超
　　える部分の金額を転換日の属する事業年度の損金の額に算入することができ、その上
　　で、充当額に相当する部分の金額については、転換後の定期保険又は第三分野保険
　　に係る保険料の一時払いをしたものとして、法基通9－3－5及び9－3－5の2の例に
　　よることとなります（法基通9－3－7）。
　　　この充当額（転換価格）については、前納金として扱い転換後契約の応当日に各期
　　間の保険料に充当していく方式（保険料充当方式）と、転換後契約の保険料の一部の
　　一時払いとする方式（一部一時払方式）があるようですが、いずれの方式であっても転
　　換後契約が定期保険又は第三分野保険である場合には、その充当額（転換価格）の全
　　額を資産に計上し、資産計上した金額のうち転換後の各事業年度に対応する部分の金
　　額が当期分支払保険料の額として法基通9－3－5の2の本文の取扱いによることとな
　　ります（法基通9－3－5の2(注)4）（[Q2]参照）。
　　　ところで、転換後契約については、上記の充当額（転換価格）のほかに平準保険料を

支払うのが一般的なようですが、そのような場合には、この平準保険料を合わせた額を当期分支払保険料の額として法基通9－3－5の2の本文の取扱いによることとなります。

　なお、転換後契約に係る（最高）解約返戻率については、転換時に保険会社から示される転換後契約に係る解約返戻金相当額について、それを受けることとなるまでの間に支払うこととなる保険料の額の合計額で除した割合によることとなります。

　また、契約の転換は、既契約の保険契約を新たな契約に切り替えるものですので、転換のあった日を保険期間の開始の日として資産計上期間や取崩期間を判定することとなりますが、転換後の定期保険又は第三分野保険の最高解約返戻率が85％超の区分となる場合でも、同通達の表の資産計上期間の欄の(注)に定める資産計上期間を最低でも5年間とする取扱いの適用はありません（法基通9－3－7）。

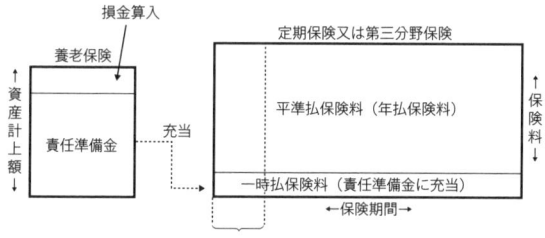

【長期傷害保険】

［Q20］　文書回答事例「長期傷害保険（終身保障タイプ）に関する税務上の取扱いについて」（平成18年4月28日回答）にある長期傷害保険は、通達改正後、どのように取り扱われるのですか。

［A］

　　長期傷害保険は、法基通9－3－5に定める第三分野保険に該当することとなりますので、改正通達の適用日以後の契約に係る長期傷害保険の保険料については、改正後の取扱いによることとなります。

　　なお、同日前の契約に係る長期傷害保険の保険料については、文書回答事例「長期傷害保険（終身保障タイプ）に関する税務上の取扱いについて」（平成18年4月28日回答）の取扱いの例によることとなります。

〈資料5〉　　定期保険及び第三分野保険に係る保険料の取扱いの改正の背景

令和3年5月31日

1　原則的な考え方

　　法人税法上、当該事業年度の損金の額に算入される費用の額は、別段の定めがあるもの
　を除き、一般に公正妥当と認められる会計処理の基準に従って計算されるものとされて
　いる（法22③④）。また、企業会計原則では、前払費用については、当期の損益計算から
　除去し、資産の部に計上しなければならないとされており（企業会計原則第二損益計算書
　原則一、原則第三貸借対照表原則四、財務諸表等規則16、31の2）、このような会計処理
　は一般に公正妥当と認められる会計処理の基準に適合するものと認められることから、
　法人税法上、前払部分の保険料は資産計上するのが原則となる。

2　改正前の取扱い

　　保険期間が複数年となる定期保険の支払保険料は、加齢に伴う支払保険料の上昇を抑
　える観点から平準化されているため、保険期間前半における支払保険料の中には、保険期
　間後半における保険料に充当される部分、すなわち前払部分の保険料が含まれている。し
　かし、その平準化された定期保険の保険料は、いわゆる掛捨ての危険保険料及び付加保険
　料のみで構成されており、これらを期間の経過に応じて損金の額に算入したとしても、一
　般に、課税所得の適正な期間計算を大きく損なうこともないと考えられることから、令和
　元年6月28日付課法2−13ほか2課共同「法人税基本通達等の一部改正について」（法
　令解釈通達）（定期保険及び第三分野保険に係る保険料の取扱い）（以下「令和元年改正通
　達」という。）による改正前の法人税基本通達（以下「旧通達」という。）9−3−5《定
　期保険に係る保険料》において、その保険料の額は期間の経過に応じて損金の額に算入す
　ることと取り扱う旨を定めていた。

　　しかし、特に保険期間が長期にわたる定期保険や保険期間中に保険金額が逓増する定
　期保険は、その保険期間の前半において支払う保険料の中に相当多額の前払部分の保険
　料が含まれており、中途解約をした場合にはその前払部分の保険料の多くが返戻される
　ため、このような保険についても旧通達9−3−5の取扱いをそのまま適用すると課税
　所得の適正な期間計算を損なうこととなる。したがって、このような保険については、上
　記1の原則的な考え方に則った取扱いとすることが適当であるため、令和元年改正通達
　による廃止前の昭和62年6月16日付課法2−2「法人が支払う長期平準定期保険等の
　保険料の取扱いについて」により、保険商品の内容に応じて前払部分の保険料を資産計上
　することとし、その支払保険料の損金算入時期等に関する取扱いの適正化を図っていた。

　　また、いわゆる第三分野保険についても上記と同様の考え方の下、いずれも令和元年改
　正通達による廃止前の昭和54年6月8日付直審4−18「法人契約の新成人病保険の保険
　料の取扱いについて」、平成元年12月16日付直審4−52「法人又は個人事業者が支払う
　介護費用保険の保険料の取扱いについて」、平成13年8月10日付課審4−100「法人契
　約の『がん保険（終身保障タイプ）・医療保険（終身保障タイプ）』の保険料の取扱いについ
　て」（法令解釈通達）及び平成24年4月27日付課法2−5ほか1課共同「法人が支払う
　『がん保険』（終身保障タイプ）の保険料の取扱いについて」（法令解釈通達）により、そ
　れぞれの個別通達に定める保険について、上記と同様に支払保険料の損金算入時期等に

関する取扱いを明らかにしていた。

3　改正後の取扱い

　しかしながら、これらの個別通達の発遣後相当年月を経過し、①保険会社各社の商品設計の多様化や長寿命化等により、それぞれの保険の保険料に含まれる前払部分の保険料の割合にも変化が見られること、②類似する商品であっても個別通達に該当するか否かで取扱いに差異が生じていること、③前払部分の保険料の割合が高い同一の商品であっても加入年齢や保険期間の長短により取扱いが異なること、④第三分野保険のうち個別通達に定めるもの以外はその取扱いが明らかではなかったことから、各保険商品の実態を確認して、その実態に応じた取扱いとなるよう資産計上ルールの見直しを行うとともに、類似する商品や第三分野保険の取扱いに差異が生じることのないよう定期保険及び第三分野保険の保険料に関する取扱いを統一することとした。

　具体的には、法人が、自己を契約者とし、役員又は使用人（これらの者の親族を含む。）を被保険者とする保険期間が３年以上の定期保険又は第三分野保険で最高解約返戻率が50％を超えるものに加入してその保険料を支払った場合には、その支払った保険料の額については、最高解約返戻率の区分に応じて資産計上する取扱いとし（基通９－３－５の２）、それ以外の定期保険又は第三分野保険に加入してその保険料を支払った場合には、その支払った保険料の額については、従前どおり、期間の経過に応じて損金の額に算入することとした（基通９－３－５）。

　なお、法人が、保険期間を通じて解約返戻金のない短期払の定期保険又は第三分野保険に加入した場合において、その支払った保険料の額が一定額以下であるものについて、その支払った日の属する事業年度の損金の額に算入しているときには、その処理を認めることとした（基通９－３－５（注）２）。

　おって、令和元年改正通達の制定に際しては、意見公募手続を実施しており、その中で改正等の背景や改正の概要を明らかにしている。

①　「法人税基本通達の制定について」（法令解釈通達）ほか１件の一部改正（案）（定期保険及び第三分野保険に係る保険料の取扱い）等に対する意見公募の実施について
②　「法人税基本通達の制定について」（法令解釈通達）ほか１件の一部改正（案）（定期保険及び第三分野保険に係る保険料の取扱い）等に対する意見公募の結果について

　また、改正後の通達に関して「定期保険及び第三分野保険に係る保険料の取扱いに関するＦＡＱ」（以下「ＦＡＱ」という。）を国税庁ホームページにおいて公表している。

【改正】（定期保険及び第三分野保険に係る保険料）

9－3－5　法人が、自己を契約者とし、役員又は使用人（これらの者の親族を含む。）を被保険者とする定期保険（一定期間内における被保険者の死亡を保険事故とする生命保険をいい、特約が付されているものを含む。以下9－3－7の2までにおいて同じ。）又は第三分野保険（保険業法第3条第4項第2号《免許》に掲げる保険（これに類するものを含む。）をいい、特約が付されているものを含む。以下9－3－7の2までにおいて同じ。）に加入してその保険料を支払った場合には、その支払った保険料の額（特約に係る保険料の額を除く。以下9－3－5の2までにおいて同じ。）については、9－3－5の2《定期保険等の保険料に相当多額の前払部分の保険料が含まれる場合の取扱い》の適用を受けるものを除き、次に掲げる場合の区分に応じ、それぞれ次により取り扱うものとする。

(1)　保険金又は給付金の受取人が当該法人である場合　その支払った保険料の額は、原則として、期間の経過に応じて損金の額に算入する。

(2)　保険金又は給付金の受取人が被保険者又はその遺族である場合　その支払った保険料の額は、原則として、期間の経過に応じて損金の額に算入する。ただし、役員又は部課長その他特定の使用人（これらの者の親族を含む。）のみを被保険者としている場合には、当該保険料の額は、当該役員又は使用人に対する給与とする。

(注)1　保険期間が終身である第三分野保険については、保険期間の開始の日から被保険者の年齢が116歳に達する日までを計算上の保険期間とする。

2　(1)及び(2)前段の取扱いについては、法人が、保険期間を通じて解約返戻金相当額のない定期保険又は第三分野保険（ごく少額の払戻金のある契約を含み、保険料の払込期間が保険期間より短いものに限る。以下9－3－5において「解約返戻金相当額のない短期払の定期保険又は第三分野保険」という。）に加入した場合において、当該事業年度に支払った保険料の額（一の被保険者につき2以上の解約返戻金相当額のない短期払の定期保険又は第三分野保険に加入している場合にはそれぞれについて支払った保険料の額の合計額）が30万円以下であるものについて、その支払った日の属する事業年度の損金の額に算入しているときには、これを認める。

【解説】

1　本通達は、法人が自己を契約者とし、役員又は使用人を被保険者とする定期保険又は第三分野保険に加入してその保険料を支払った場合の取扱いを明らかにしている。

　「定期保険」とは、一定期間内における被保険者の死亡を保険事故とする生命保険をいう。一般的には、終身保険や養老保険と合わせて第一分野保険と称され、保険業法第3条第4項第1号《免許》に掲げられている。

　「第三分野保険」とは、同項第2号に掲げる保険をいい、同号では、人が疾病にかかったこと（同号イ）、傷害を受けたこと又は疾病にかかったことを原因とする人の状態（同号ロ）、傷害を受けたことを直接の原因とする人の死亡（同号ハ）、同号イ又はロに掲げるものに類するものとして内閣府令で定めるもの（人の死亡を除く。）（同号ニ）、同号イ、ロ又はニに掲げるものに関し、治療を受けたこと（同号ホ）に関し、「一定額の保険金を支払うこと又

はこれらによって生ずることのある当該人の損害をてん補することを約し、保険料を収受する保険」と規定されている。「第三分野保険」の商品内容は極めて多岐にわたるが、例えば「傷害保険」、「疾病保険」、「がん保険」、「医療保険」、「介護保険」と称される保険商品などが該当する。また、保険業法の適用を受けない外国の保険商品や共済商品などであっても、定期保険又は第三分野保険に類するものについては本通達の取扱いが適用される。

さらに、本通達の対象となる「定期保険」又は「第三分野保険」は、特約が付されているものを含むとしている。「特約」には、例えば傷害特約のように保険事故が生じた場合に主契約とは別に保険金又は給付金の支払があるものと、例えば保険料払込免除特約やリビングニーズ特約のように主契約とは別に保険金又は給付金の支払がないものとがあるが、前者の特約に係る保険料を支払った場合には、主契約に係る保険料とは区別して取り扱うこととなる（基通9-3-6の2）。

2　法人が支払った保険料（以下「支払保険料」という。）の額については、保険金又は給付金の受取人の区分に応じて取り扱うこととしており、受取人が当該法人である場合には、原則として、期間の経過に応じて損金の額に算入することとしている。

また、受取人が被保険者又はその遺族である場合にも、原則として、期間の経過に応じて損金の額に算入することとしている。これについては、受取人である被保険者又はその遺族に対する給与として取り扱うという考え方もあるが、被保険者に保険事故が生じた場合に初めて保険金又は給付金が支払われることからすれば、保険料の支払段階でおよそ一律に給与課税するというのも実情に即さないため、一種の福利厚生費として損金算入を認めることとしている。ただし、被保険者が役員又は部課長その他特定の使用人（これらの者の親族を含む。）のみである場合には、当該役員又は使用人に対して経済的利益を供与したものとするのが相当であるから、その保険料の額は、当該役員又は使用人に対する給与として取り扱うこととしている。

なお、所得税基本通達36-31の2《使用者契約の定期保険に係る経済的利益》においても同様の取扱いを定めており、第三分野保険も含め所得税においても同様に取り扱うこととなる。

3　ところで、法人税法上、当該事業年度の損金の額に算入される費用の額は、別段の定めがあるものを除き、一般に公正妥当と認められる会計処理の基準に従って計算されるものとされている（法22③④）。また、企業会計原則では、前払費用については、当期の損益計算から除去し、資産の部に計上しなければならないとされており（企業会計原則第二損益計算書原則一、原則第三貸借対照表原則四、財務諸表等規則16、31の2）、このような会計処理は一般に公正妥当と認められる会計処理の基準に適合するものと認められる。

保険期間が複数年となる定期保険又は第三分野保険の支払保険料は、加齢に伴う支払保険料の上昇を抑える観点から平準化されているため、保険期間前半における支払保険料の中には、保険期間後半における保険料に充当される部分、すなわち前払部分の保険料が含まれている。しかし、その平準化された定期保険又は第三分野保険の保険料は、いわゆる掛捨ての危険保険料及び付加保険料のみで構成されており、これらを期間の経過に応じて損金の額に算入したとしても、一般に、課税所得の適正な期間計算を大きく損なうこともないと考えられることから、その支払保険料の額は、原則として、期間の経過に応じて損金の額に算入することとしている。

　　しかし、特に保険期間が長期にわたるものや保険期間中に保険金額が逓増するものは、その保険期間の前半において支払う保険料の中に相当多額の前払部分の保険料が含まれており、中途解約をした場合にはその前払部分の保険料の多くが返戻されるため、このような保険についても本通達の取扱いをそのまま適用すると課税所得の適正な期間計算を損なうこととなる。

　　そのため、このような保険については、前払費用は資産に計上するという原則的な考え方にのっとった取扱いとすることが適当であるため、保険期間が3年以上で最高解約返戻率が50%を超えるものについては、本通達の取扱いによらず、法人税基本通達9－3－5の2《定期保険等の保険料に相当多額の前払部分の保険料が含まれる場合の取扱い》の取扱いによることとしている。

4　支払保険料の額は、原則として、期間の経過に応じて損金の額に算入するのであるが、保険期間が終身で保険料の払込期間が有期（例えば、20年払や70歳払込満了など）である第三分野保険の場合には、保険期間の開始の日から被保険者の年齢が116歳（公益社団法人日本アクチュアリー協会が作成した第三分野標準生命表2018（男）における最終年齢）に達する日までを計算上の保険期間とし、原則として、当該期間の経過に応じて損金の額に算入することとなる。本通達（注）1では、このことを明らかにしている。

　　他方、保険期間と保険料の払込期間のいずれもが終身である第三分野保険の場合には、その支払った保険料の額を支払った日の属する事業年度の損金の額に算入することとなる。

5　本通達の本文のとおり、定期保険又は第三分野保険に係る支払保険料の額は、原則として、保険期間の経過に応じて損金の額に算入するのであるが、納税者の事務負担に配慮し、法人が、保険期間を通じて解約返戻金相当額のない短期払の定期保険又は第三分野保険に加入した場合において、一の被保険者につき当該事業年度に支払った保険料の額が30万円以下であるものについて、その支払った日の属する事業年度の損金の額に算入しているときには、その処理を認めることとしている。本通達（注）2では、このことを明らかにしている。

　　この取扱いは、令和元年改正通達により廃止した平成24年4月27日付課法2－5ほか1課共同「法人が支払う『がん保険』（終身保障タイプ）の保険料の取扱いについて」（法令解釈通達）（以下「がん保険通達」という。）の「2⑶例外的取扱い」において認めていた取扱いについて、課税所得の適正な期間計算を著しく損なわないと考えられる範囲内で部分的に存置することとしたものである。

　　また、本通達（注）2において「⑴及び⑵前段の取扱いについては」としていることからも明らかなとおり、本通達⑵後段のように、法人が役員又は部課長その他特定の使用人（これらの者の親族を含む。）のみを被保険者とする定期保険又は第三分野保険に加入した場合には、本通達（注）2の取扱いは適用されず、その支払保険料の額は当該役員又は使用人に対する給与として取り扱うこととなる。

6　本通達（注）2の取扱いは「保険期間を通じて」解約返戻金相当額のない定期保険又は第三分野保険について適用することとしているため、例えば、保険料払込期間中は解約返戻金相当額がないものの払込期間終了後は解約返戻金相当額があるような保険商品には適用されないことに留意する必要がある。ここにいう「解約返戻金相当額」とは、法人税基本通達9－3－5の2の解約返戻金相当額と同義である（ＦＡＱのＱ16）。

　また、本通達（注）２の取扱いは、貯蓄性のない保険商品を対象としており、具体的には、解約返戻金相当額のない定期保険又は第三分野保険について適用することとしている。現在販売されている第三分野保険の中には、保険料払込期間終了後、ごく少額の解約返戻金又は死亡保険金が支払われる商品や、その保険期間中にごく少額の健康祝金又は出産祝金などと称する金員が支払われる商品が数多く存在するが、ごく少額の払戻金しかない保険商品を貯蓄性のあるものとして取り扱うのは実情にそぐわないことから、このようにごく少額の払戻金しかない保険商品については、解約返戻金相当額のない定期保険又は第三分野保険に含めて本通達（注）２の取扱いを認めることとしている。現行の保険商品では、入院給付金日額などの基本給付金額（５千円から１万円程度）の 10 倍としているものが多いようであり、このような払戻金は、一般的には「ごく少額の払戻金」と考えられるが、その範囲については、廃止されたがん保険通達の取扱いと同様に、支払保険料の額や保障に係る給付金の額に対する割合などを勘案して保険契約ごとに個別に判断する必要がある（ＦＡＱのＱ16）。

　なお、本通達（注）２の取扱いは、一の被保険者につき当該事業年度に支払った保険料の額が 30 万円以下である場合に認められるのであるが、一の被保険者がこれらの保険に複数加入している場合には、当該事業年度に支払った保険料の額を合計して判定することとなる。また、当該事業年度の途中で保険に追加加入したことにより当該事業年度に支払った保険料の合計額が 30 万円超となる場合には、追加加入した保険に係る支払保険料のみならず、当該事業年度前に加入した保険に係る支払保険料についても本通達（注）２の取扱いの適用を受けることはできず、期間の経過に応じて損金の額に算入することとなる。他方で、複数の保険に加入している場合で、当該事業年度の途中にいずれかの保険を解約等したことにより当該事業年度に支払った保険料の額が 30 万円以下となるときには、当該事業年度に支払った保険料について本通達（注）２の取扱いの適用があることとなる（ＦＡＱのＱ17）。

6　連結納税制度においても、同様の通達改正（連基通８－３－５）を行っている。

【新設】（定期保険等の保険料に相当多額の前払部分の保険料が含まれる場合の取扱い）

9−3−5の2　法人が、自己を契約者とし、役員又は使用人（これらの者の親族を含む。）を被保険者とする保険期間が3年以上の定期保険又は第三分野保険（以下9−3−5の2において「定期保険等」という。）で最高解約返戻率が50％を超えるものに加入して、その保険料を支払った場合には、当期分支払保険料の額については、次表に定める区分に応じ、それぞれ次により取り扱うものとする。ただし、これらの保険のうち、最高解約返戻率が70％以下で、かつ、年換算保険料相当額（一の被保険者につき2以上の定期保険等に加入している場合にはそれぞれの年換算保険料相当額の合計額）が30万円以下の保険に係る保険料を支払った場合については、9−3−5の例によるものとする。

⑴　当該事業年度に次表の資産計上期間がある場合には、当期分支払保険料の額のうち、次表の資産計上額の欄に掲げる金額（当期分支払保険料の額に相当する額を限度とする。）は資産に計上し、残額は損金の額に算入する。

　　㊟　当該事業年度の中途で次表の資産計上期間が終了する場合には、次表の資産計上額については、当期分支払保険料の額を当該事業年度の月数で除して当該事業年度に含まれる資産計上期間の月数（1月未満の端数がある場合には、その端数を切り捨てる。）を乗じて計算した金額により計算する。また、当該事業年度の中途で次表の資産計上額の欄の「保険期間の開始の日から、10年を経過する日」が到来する場合の資産計上額についても、同様とする。

⑵　当該事業年度に次表の資産計上期間がない場合（当該事業年度に次表の取崩期間がある場合を除く。）には、当期分支払保険料の額は、損金の額に算入する。

⑶　当該事業年度に次表の取崩期間がある場合には、当期分支払保険料の額（⑴により資産に計上することとなる金額を除く。）を損金の額に算入するとともに、⑴により資産に計上した金額の累積額を取崩期間（当該取崩期間に1月未満の端数がある場合には、その端数を切り上げる。）の経過に応じて均等に取り崩した金額のうち、当該事業年度に対応する金額を損金の額に算入する。

区　分	資　産　計　上　期　間	資　産　計　上　額	取　崩　期　間
最高解約返戻率　50％超70％以下	保険期間の開始の日から、当該保険期間の100分の40相当期間を経過する日まで	当期分支払保険料の額に100分の40を乗じて計算した金額	保険期間の100分の75相当期間経過後から、保険期間の終了の日まで
最高解約返戻率　70％超85％以下		当期分支払保険料の額に100分の60を乗じて計算した金額	
最高解約返戻率　85％超	保険期間の開始の日から、最高解約返戻率となる期間（当該期間経過後の各期間において、その期間における解約返戻金相当額からその直前の期間における解約返戻金相当額を控除した金額を年	当期分支払保険料の額に最高解約返戻率の100分の70（保険期間の開始の日から、10年を経過する日までは、100分の90）を乗じて計算し	解約返戻金相当額が最も高い金額となる期間（資産計上期間がこの表の資産計上期間の欄に掲げる㊟に該当する場合には、当該㊟による資

	換算保険料相当額で除した割合が 100 分の 70 を超える期間がある場合には、その超えることとなる期間）の終了の日まで (注)　上記の資産計上期間が 5 年未満となる場合には、保険期間の開始の日から、5 年を経過する日まで(保険期間が 10 年未満の場合には、保険期間の開始の日から、当該保険期間の 100 分の 50 相当期間を経過する日まで) とする。	た金額	産計上期間）経過後から、保険期間の終了の日まで

(注)1　「最高解約返戻率」、「当期分支払保険料の額」、「年換算保険料相当額」及び「保険期間」とは、それぞれ次のものをいう。

　イ　最高解約返戻率とは、その保険の保険期間を通じて解約返戻率（保険契約時において契約者に示された解約返戻金相当額について、それを受けることとなるまでの間に支払うこととなる保険料の額の合計額で除した割合）が最も高い割合となる期間におけるその割合をいう。

　ロ　当期分支払保険料の額とは、その支払った保険料の額のうち当該事業年度に対応する部分の金額をいう。

　ハ　年換算保険料相当額とは、その保険の保険料の総額を保険期間の年数で除した金額をいう。

　ニ　保険期間とは、保険契約に定められている契約日から満了日までをいい、当該保険期間の開始の日以後 1 年ごとに区分した各期間で構成されているものとして本文の取扱いを適用する。

　2　保険期間が終身である第三分野保険については、保険期間の開始の日から被保険者の年齢が 116 歳に達する日までを計算上の保険期間とする。

　3　表の資産計上期間の欄の「最高解約返戻率となる期間」及び「100 分の 70 を超える期間」並びに取崩期間の欄の「解約返戻金相当額が最も高い金額となる期間」が複数ある場合には、いずれもその最も遅い期間がそれぞれの期間となることに留意する。

　4　一定期間分の保険料の額の前払をした場合には、その全額を資産に計上し、資産に計上した金額のうち当該事業年度に対応する部分の金額について、本文の取扱いによることに留意する。

　5　本文の取扱いは、保険契約時の契約内容に基づいて適用するのであるが、その契約内容の変更があった場合、保険期間のうち当該変更以後の期間においては、変更

> 　　　後の契約内容に基づいて９－３－４から９－３－６の２の取扱いを適用する。
> 　　　なお、その契約内容の変更に伴い、責任準備金相当額の過不足の精算を行う場合
> 　には、その変更後の契約内容に基づいて計算した資産計上額の累積額と既往の資産
> 　計上額の累積額との差額について調整を行うことに留意する。
> 　６　保険金又は給付金の受取人が被保険者又はその遺族である場合であって、役員又
> 　は部課長その他特定の使用人（これらの者の親族を含む。）のみを被保険者として
> 　いるときには、本文の取扱いの適用はなく、９－３－５の⑵の例により、その支払
> 　った保険料の額は、当該役員又は使用人に対する給与となる。

【解説】

1　本通達は、支払保険料の額に相当多額の前払部分の保険料が含まれている場合の資産計上額の取扱いについて明らかにしている。具体的には、法人を契約者とし、役員又は使用人（これらの者の親族を含む。）を被保険者とする保険期間が３年以上の定期保険又は第三分野保険（以下「定期保険等」という。）で最高解約返戻率が50％を超えるものについては、最高解約返戻率の区分に応じて一定額を一定期間資産計上し、所定の期間経過後に取り崩して損金の額に算入することとしている。

2　保険期間が複数年となる定期保険又は第三分野保険の保険料は、加齢に伴う保険料の上昇を抑える観点から平準化されているため、保険期間前半における保険料の中には、保険期間後半における保険料に充当される部分、すなわち前払部分の保険料が含まれており、これについては、資産計上するのが原則となる。しかし、その平準化された定期保険又は第三分野保険の保険料は、いわゆる掛捨ての危険保険料及び付加保険料のみで構成されており、これらを期間の経過に応じて損金の額に算入したとしても、一般に、課税所得の適正な期間計算を大きく損なうこともないと考えられることから、法人税基本通達９－３－５《定期保険及び第三分野保険に係る保険料》において、支払保険料の額は、原則として、期間の経過に応じて損金の額に算入することとしている。

　一方、特に保険期間が長期にわたるものや保険期間中に保険金額が逓増するものなどは、その保険期間の前半において支払う保険料の中に相当多額の前払部分の保険料が含まれており、中途解約をした場合にはその前払部分の保険料の多くが返戻されるため、このような保険についても法人税基本通達９－３－５の取扱いをそのまま適用すると課税所得の適正な期間計算を損なうこととなる。

　したがって、このような保険については、上記の原則的な考え方にのっとった取扱いとすることが適当であるため、法人税基本通達９－３－５の取扱いによらず、本通達の取扱いによることとしている。

　なお、そもそも解約返戻金相当額のない保険については本通達の適用はなく、その支払保険料の額は、法人税基本通達９－３－５の取扱いにより、期間の経過に応じて損金の額に算入することとなる。また、当該保険に係る支払保険料の額が少額である場合には、法人税基本通達９－３－５（注）２の取扱いにより、支払時の損金算入が認められることとなる。

2　令和元年の通達改正前においては、このような保険については、保険商品ごとに個別通達として取扱いを定めていたが、これらの個別通達の発遣後相当の年月を経過し、①保険会社各社の商品設計の多様化や長寿命化等により、それぞれの保険の保険料に含まれる前払部

分の保険料の割合にも変化が見られること、②類似する商品であっても個別通達に該当するか否かで取扱いに差異が生じていること、③前払部分の保険料の割合が高い同一の商品であっても加入年齢や保険期間の長短により取扱いが異なること、④第三分野保険のうち個別通達に定めるもの以外はその取扱いが明らかではなかったことから、類似する商品や第三分野保険の取扱いに差異が生じることのないよう定期保険及び第三分野保険の保険料に関する取扱いを統一するとともに、各保険商品の実態に応じた取扱いとなるよう資産計上ルールの見直しを行っている。

3　この資産計上ルールについては、支払保険料の額に含まれる前払部分の保険料の額は、保険契約者には通知されないことから、保険契約者がその金額を把握して資産計上することは極めて困難となる。そこで、保険契約者が把握可能で客観的かつ合理的な指標として、前払部分の保険料の累積額に近似する解約返戻金に着目し、解約返戻率に基づいて資産計上すべき金額を算定することとしている。また、解約返戻率は保険期間の経過に応じて変動するところ、解約返戻率の変動に伴い資産計上割合を変動させることは実務上も煩雑となることや、その保険期間中の資産計上割合の平均値などを求めることも困難であるため、計算の簡便性の観点から、最高解約返戻率を用いて資産計上額を算定することとしている。

　令和元年改正通達による廃止前の各個別通達では、法人が支払保険料の額に一定割合を乗じた金額を一律の期間資産計上するという、納税者の事務負担に配慮した簡便的な資産計上ルールとしていたことから、本通達においても、各保険商品の実態を踏まえつつ、廃止前の各個別通達とも整合性のとれた資産計上ルールとしている。具体的には、最高解約返戻率が 85％以下の定期保険等については、支払保険料の額に一定割合を乗じた金額を一律の期間資産計上するという廃止前の各個別通達と同様に簡便な計算方法とし、最高解約返戻率が 85％超の定期保険等については、資産計上額の累積額が前払部分の保険料の累積額に極力近似するように、最高解約返戻率に応じてより高い割合で資産計上することとしている。

　この「最高解約返戻率」とは、その保険の保険期間を通じて解約返戻率が最も高い割合となる期間におけるその割合をいい、「解約返戻率」とは、保険契約時において契約者に示された解約返戻金相当額を、それを受けることとなるまでの間に支払う保険料の額の累計額で除して計算した割合をいう（本通達（注）１イ）。一般的には、契約時に個々の契約内容に応じて作成される保険設計書等において「〇年目の解約返戻金△円、〇年目の解約返戻率×％」などと示される金額や割合によることとなる。（最高）解約返戻率と解約返戻金相当額の具体的な計算については、ＦＡＱのＱ４からＱ８までにおいて示しているので参考とされたい。

4　本通達では、保険期間が３年以上の定期保険等で最高解約返戻率が 50％を超えるものについては、その最高解約返戻率の区分に応じて資産計上することとしている。しかし、このような保険であっても、最高解約返戻率が 70％以下の保険で、その年換算保険料相当額が 30 万円以下の場合には、支払保険料の中に含まれる前払部分の保険料を期間の経過に応じて損金の額に算入したとしても、一般に、課税所得の適正な期間計算を大きく損なうこともないことから、納税者の事務負担への配慮や計算の簡便性といった点も踏まえ、この場合の保険は本通達の適用対象外としている。

　この「年換算保険料」とは、その保険の保険料の総額を保険期間の年数で除した金額をい

う（本通達（注）１ハ）。また、年換算保険料相当額が 30 万円以下か否かの判定について
は、保険会社や保険契約への加入時期の違いにかかわらず、一の者（例えば、代表取締役で
ある甲）を被保険者として、法人が加入している全ての定期保険等に係る年換算保険料相当
額の合計額で判定することになる。この判定に際して特に留意すべきことについては、ＦＡ
ＱのＱ９において示しているので参考とされたい。

5　上記４の保険を除き、法人が保険期間が３年以上の定期保険等で最高解約返戻率が 50%
を超えるものに加入して、その保険料を支払った場合には、当期分支払保険料の額について
は、本通達の表に定める最高解約返戻率の区分に応じて資産計上を行うこととなる。この
「当期分支払保険料の額」とは、その支払った保険料の額のうち当該事業年度に対応する部
分の金額をいう（本通達（注）１ロ）。

したがって、例えば、いわゆる前納制度を利用して前納保険料を支払った場合や、保険料
を短期払した場合など、一定期間分の保険料の額の前払をしたときには、その全額を資産に
計上し、資産に計上した金額のうち当該事業年度に対応する部分の金額について、当期分支
払保険料の額として資産計上額を計算することとなる（本通達（注）４）。

また、例えば、保険料を年払としている場合において、法人税基本通達２－２－14《短期
の前払費用》の取扱いにより、その年払保険料の額を継続して支払日の属する事業年度の支
払保険料の額としているときは、その額を当期分支払保険料の額として資産計上額を計算
することが認められる（ＦＡＱのＱ２）。

6　本通達では、保険期間を基に資産計上期間及び取崩期間を設定し、各事業年度に資産計上
期間又は取崩期間があるか否かにより、当期分支払保険料の額の損金算入額及び資産計上
額が異なることとなる。その具体的な算定の例は、次のとおりである。

(1)　法人が、最高解約返戻率 60%（50%超 70%以下の区分に該当）の定期保険等に加入し
て、その保険料を支払った場合

イ　資産計上期間（保険期間の開始の日から当該保険期間の前半４割相当期間を経過す
る日までの期間）

当期分支払保険料の額の４割相当額を資産に計上し、残額を損金の額に算入する（本
通達(1)）。

ロ　資産計上期間経過後から保険期間の終了の日までの期間（ハの取崩期間を含む。）

当期分支払保険料の額を損金の額に算入する（本通達(2)、(3)）。

ハ　取崩期間（保険期間のうち後半４分の１の期間）

ロの損金算入額に加えて、イで資産に計上した金額の累積額を均等に取り崩して損
金の額に算入する（本通達(3)）。

なお、事業年度の途中で資産計上期間が終了する場合又は事業年度の途中から取崩期
間が開始する場合には、月割りにより資産計上額又は取崩額を計算するのであるが、前者
の場合には１月未満の端数は切捨てとし（本通達(1) (注)）、後者の場合には切上げとして
いる（本通達(3)）。

(2)　法人が、最高解約返戻率 80%（70%超 85%以下の区分に該当）の定期保険等に加入し
て、その保険料を支払った場合

資産計上期間に当期分支払保険料の額の６割相当額を資産に計上すること以外は、上
記(1)と同様の取扱いとなる。

⑶　法人が、最高解約返戻率 90％（85％超の区分に該当）の定期保険等に加入して、その
保険料を支払った場合
　イ　資産計上期間（保険期間の開始の日から最高解約返戻率となる期間の終了の日まで）
　　　保険期間の開始の日から 10 年間は、当期分支払保険料の額に当該最高解約返戻率
　　 90％の９割（＝81％）を乗じた金額を、10 年経過後の残りの資産計上期間は、当期分
　　　支払保険料の額に最高解約返戻率 90％の７割（＝63％）を乗じた金額を資産に計上し、
　　　残額を損金の額に算入する（本通達⑴）。
　ロ　資産計上期間経過後から保険期間の終了の日までの期間（ハの取崩期間を含む。）
　　　当期分支払保険料の額を損金の額に算入する（本通達⑵、⑶）。
　ハ　取崩期間（解約返戻金相当額が最も高い金額となる期間経過後から保険期間の終了
　　　の日までの期間）
　　　ロの損金算入額に加えて、イで資産に計上した金額の累積額を均等に取り崩して損
　　　金の額に算入する（本通達⑶）。
　上記⑶イの最高解約返戻率となる「期間」及び上記⑶ハの解約返戻金相当額が最も高い金
額となる「期間」のように、本通達の表のうち、最高解約返戻率が 85％超の区分となる場
合の資産計上期間の欄及び取崩期間の欄などにある「期間」とは、保険期間の開始の日以後
１年ごとに区分した各期間のことをいう（本通達（注）１ニ）。例えば、「最高解約返戻率と
なる期間」とは、保険期間を構成する各期間のうち、解約返戻率が最高率となる期間のこと
である（ＦＡＱのＱ３）。
　また、例えば、最高解約返戻率が同率の期間が複数ある場合には、その最も遅い期間の終
了の日までが資産計上期間ということになる（本通達（注）３）。
　最高解約返戻率が 85％超の区分に該当する場合の原則的な取扱いは上記⑶のとおりであ
るが、上記⑶イの資産計上期間経過後の各期間において支払う保険料の中に相当多額の前
払部分の保険料が含まれている場合、すなわち、最高解約返戻率となる期間経過後の期間に
おける解約返戻金相当額からその直前期間における解約返戻金相当額を控除した金額（対
直前期間増加額）を年換算保険料相当額で除した割合が７割を超える期間がある場合には、
その７割を超える期間の終了の日まで資産計上期間が延長されることとなる。この取扱い
は、保険期間開始後、早期に最高解約返戻率に到達した後も依然として高解約返戻率を維持
する保険商品に対応することとしたものである。
　なお、この割合が７割を超える期間が複数ある場合には、その最も遅い期間の終了の日
までが資産計上期間となることを本通達（注）３で明らかにしている。したがって、一時的
にこの割合が７割を下回ることがあっても、資産計上期間が途切れることはないこととな
る。
　また、最高解約返戻率が 111％を超えるような場合には、算出される資産計上額が当期分
支払保険料の額を超える場合が生じ得るが、このような場合には、当期分支払保険料の額に
相当する金額が資産計上額の上限となる（本通達⑴）。
　ところで、保険商品の設計によっては、最高解約返戻率となる期間が極めて早期に到来
し、その後、解約返戻率が急減するような保険商品が考えられる。そのため、このような保
険商品で最高解約返戻率が 85％を超えるものについては、本通達の表中の資産計上期間の
欄の注書において、最低でも５年間は資産計上することとしているが、このような商品であ

っても、保険期間が10年未満である場合には、当該保険期間の5割相当期間を資産計上期間とすることとしている。したがって、例えば、保険期間が8年の保険契約について表中の資産計上期間の欄の本文に従って計算された資産計上期間が3年となる場合であっても、資産計上期間は4年（8年の5割相当期間）となり（FAQのQ10）、当期分支払保険料の額に最高解約返戻率の9割を乗じた金額を資産計上することとなる。そして、この取扱いによる場合には、資産計上期間経過後から保険期間の終了の日までが取崩期間となる。

7　本通達の取扱いは、保険契約時の契約内容に基づいて適用するのであるが、その契約内容の変更があった場合、保険期間のうち当該変更以後の期間においては、変更後の契約内容に基づいて各通達（基通9－3－4～9－3－6の2）を適用することとなる。このことを本通達（注）5で明らかにしている。

　　具体的に、どのような変更がここでいう「契約内容の変更」に当たるかについては、FAQのQ11において示している。解約返戻率の変動を伴う契約内容の変更や保険期間の変更は、原則として「契約内容の変更」に当たるものとしており、例えば、①払込期間の変更（全期払（年払・月払）を短期払に変更する場合等）、②特別保険料の変更、③保険料払込免除特約の付加・解約、④保険金額の増額、減額又は契約の一部解約に伴う高額割引率の変更により解約返戻率が変動する場合、⑤保険期間の延長・短縮、⑥契約書に記載した年齢の誤りの訂正等により保険料が変動する場合を挙げている。

　　また、原則として「契約内容の変更」に当たらないものとして、⑦払込方法の変更（月払を年払に変更する場合等）、⑧払込経路の変更（口座振替扱いを団体扱いに変更する場合等）、⑨前納金の追加納付、⑩契約者貸付、⑪保険金額の減額（部分解約）を挙げている。

　　なお、保険料や保険金額の異動を伴う契約内容の変更がある場合には、変更前の責任準備金相当額と変更後の契約内容に応じて必要となる責任準備金相当額との過不足の精算を行うのが一般的であり、これにより、責任準備金相当額は契約当初から変更後の契約内容であったのと同じ額となるため、税務上の資産計上累計額もこれに合わせた調整を行う必要がある。具体的な調整方法についてはFAQのQ12において示しているので参考とされたい。

8　連結納税制度においても同様の取扱い（連基通8－3－5の2）を定めている。

2　経過的取扱い

> 【新設】（経過的取扱い…改正通達の適用時期）
>
> 　この法令解釈通達による改正後の取扱いは令和元年7月8日以後の契約に係る定期保険又は第三分野保険（9－3－5に定める解約返戻金相当額のない短期払の定期保険又は第三分野保険を除く。）の保険料及び令和元年10月8日以後の契約に係る定期保険又は第三分野保険（9－3－5に定める解約返戻金相当額のない短期払の定期保険又は第三分野保険に限る。）の保険料について適用し、それぞれの日前の契約に係る定期保険又は第三分野保険の保険料については、この法令解釈通達による改正前の取扱い並びにこの法令解釈通達による廃止前の昭和54年6月8日付直審4－18「法人契約の新成人病保険の保険料の取扱いについて」、昭和62年6月16日付直法2－2「法人が支払う長期平準定期保険等の保険料の取扱いについて」、平成元年12月16日付直審4－52「法人又は個人事業者が支払う介護費用保険の保険料の取扱いについて」、平成13年8月10日付課審4－100「法人契約の「がん保険（終身保障タイプ）・医療保険（終身保障タイプ）」の保険料の取扱いについて（法令解釈通達）」及び平成24年4月27日付課法2－5ほか1課共同「法人が支払う「がん保険」（終身保障タイプ）の保険料の取扱いについて（法令解釈通達）」の取扱いの例による。

【解説】

1　本通達においては、令和元年改正通達の取扱いは、解約返戻金相当額のない短期払の定期保険又は第三分野保険以外の定期保険又は第三分野保険については、令和元年7月8日以後に新たに契約する保険契約に係る保険料について適用することを明らかにしている。

　また、解約返戻金相当額のない短期払の定期保険又は第三分野保険については、令和元年10月8日以後に新たに契約する保険契約に係る保険料について、改正後の通達を適用することを明らかにしている。

2　解約返戻金相当額のない短期払の定期保険又は第三分野保険の経過的取扱いを定めた趣旨は次のとおりである。

　廃止したがん保険通達において定めていた「例外的取扱い」は、保険期間が終身で保険料の払込期間が有期の保険のうち、保険契約の解約等において払戻金のないものについて、保険料の払込の都度、損金算入することを認めるというものであった。この取扱いは、がん保険通達を定めた当時に発売されていたがん保険が、払込期間と保険期間（終身）に著しい差異がないという実態であったことを前提に、給与課税の対象とならない保険期間が終身、かつ、保険契約の解約等において払戻金のないがん保険については、保険契約者である納税者の事務負担に配慮し、その支払った保険料の額について、厳格に期間の経過に応じて損金算入を求めなくても、課税所得の適正な期間計算を著しく損なうことがないとの考え方の下に定めたものであった。

　令和元年改正通達の意見公募手続に付した改正案においては、定期保険及び第三分野保険に該当する保険商品間の取扱いの統一化を図る観点から、この「例外的取扱い」を存置せずに、廃止することとしていた。その背景として、近年、保険料の払込期間を著しく短期間に設定し、かつ、その支払保険料の額が高額なものが、法人経営者向けに販売されている実態があり、このような商品を「例外的取扱い」の対象とすることで、課税所得の適正な期間

計算を損なう結果が生じていたことや、がん保険以外の第三分野保険においては、保険料の払込の都度、損金算入する取扱いを認めておらず、保険商品間の取扱いに差異が生じていたという事情があった。

　しかしながら、意見公募手続において、経理処理として定着している「例外的取扱い」が一切認められないこととなれば、保険契約者である納税者の事務負担が過重となる等の意見があったことを踏まえ、保険商品間の取扱いに差異がないことを前提に、改正後の法人税基本通達９－３－５《定期保険及び第三分野保険に係る保険料》の（注）２において、その支払った事業年度の損金の額に算入することを認めるという取扱いを追加している。この追加した内容の周知には一定程度の期間が必要となると考えられたことから、これらの保険の保険料については、上記１の解約返戻金相当額のない短期払の定期保険又は第三分野保険以外の定期保険又は第三分野保険に係る保険料の取扱いとは異なる適用関係を設けている。

3　さらに、本通達の後段では、令和元年７月８日前に契約した上記１の解約返戻金相当額のない短期払の定期保険又は第三分野保険以外の定期保険又は第三分野保険に係る保険料及び令和元年10月８日前に契約した上記２の解約返戻金相当額のない短期払の定期保険又は第三分野保険に係る保険料については、令和元年の通達改正前の法人税基本通達の取扱い並びに令和元年改正通達に伴い廃止する前の昭和54年６月８日付直審４－18「法人契約の新成人病保険の保険料の取扱いについて」、昭和62年６月16日付直法２－２「法人が支払う長期平準定期保険等の保険料の取扱いについて」、平成元年12月16日付直審４－52「法人又は個人事業者が支払う介護費用保険の保険料の取扱いについて」、平成13年８月10日付課審４－100「法人契約の「がん保険（終身保障タイプ）・医療保険（終身保障タイプ）」の保険料の取扱いについて（法令解釈通達）」及び平成24年４月27日付課法２－５ほか１課共同「法人が支払う『がん保険』（終身保障タイプ）の保険料の取扱いについて（法令解釈通達）」の各取扱いの例によることを明らかにしている。

4　なお、従前、長期傷害保険（終身保障タイプ）の税務上の取扱いについては、社団法人生命保険協会が行った文書照会に対する国税庁の回答として国税庁ホームページに掲載されている平成18年４月28日付文書回答事例「長期傷害保険（終身保障タイプ）に関する税務上の取扱いについて」によることとして差し支えないとしていたが、上記３の令和元年改正通達に伴い廃止する前の各個別通達の取扱いと同様に、令和元年改正通達の適用日以後の契約に係る長期傷害保険の保険料については改正後の取扱いによることとし、同日前の契約に係る長期傷害保険の保険料については、従前の文書回答事例の取扱いの例によることとなることを、ＦＡＱのＱ20において示しているので参考とされたい。

　また、令和元年改正通達の適用日前の契約に係る定期保険又は第三分野保険について、その適用日後に契約内容の変更、転換、払済保険への変更、契約の更新及び保険給付のある特約の付加があった場合の適用関係については、ＦＡＱのＱ13及びＱ14において示しているので参考とされたい。

5　連結納税制度においても、同様の通達（連基通（経過的取扱い…改正通達の適用時期））を定めている。

３．それ以前の長期平準定期保険等とがん保険の個別通達

令和元年６月28日廃止

〈資料１〉昭和62年６月16日直法2.2（例規）平成８年７月４日課法２-３（例規）により改正
平成20年２月28日課法２・３、課審５-18により改正

法人が支払う長期平準定期保険等の保険料の取扱いについて

１　対象とする定期保険の範囲

　この通達に定める取扱いの対象とする定期保険は、法人が、自己を契約者とし、役員又は使用人（これらの者の親族を含む。）を被保険者として加入した定期保険（一定期間内における被保険者の死亡を保険事故とする生命保険をいい、障害特約等の特約の付されているものを含む。以下同じ。）のうち、次に掲げる長期平準定期保険及び逓増定期保険（以下これらを「長期平準定期保険等」という。）とする。

（１）長期平準定期保険（その保険期間満了の時における被保険者の年齢が70歳を超え、かつ、当該保険に加入した時における被保険者の年齢に保険期間の２倍に相当する数を加えた数が105を超えるものをいい、（２）に該当するものを除く。）

（２）逓増定期保険（保険期間の経過により保険金額が５倍までの範囲で増加する定期保険のうち、その保険期間満了の時における被保険者の年齢が45歳を超えるものをいう。）．・

（注）「保険に加入した時における被保険者の年齢」とは、保険契約証書に記載されている契約年齢をいい、「保険期間満了の時における被保険者の年齢」とは、契約年齢に保険期間の年数を加えた数に相当する年齢をいう。

２　長期平準定期保険等に係る保険料の損金算入時期

　法人が長期平準定期保険等に加入してその保険料を支払った場合（役員又は部課長その他特定の使用人（これらの者の親族を含む。）のみを被保険者とし、死亡保険金の受取人を被保険者の遺族としているため、その保険料の額が当該役員又は使用人に対する

給与となる場合を除く。）には、法人税基本通達９-３-５及び９-３-６（（定期保険に係る保険料等））にかかわらず、次により取り扱うものとする。（平８年課法２-３、平20年課法２-３により改正）

（１）次表に定める区分に応じ、それぞれ次表に定める前払期間を経過するまでの期間にあっては、各年の支払保険料の額のうち次表に定める資産計上額を前払金等として資産に計上し、残額については、一般の定期保険（法人税基本通達９-３-５の適用対象となる定期保険をいう。以下同じ。）の保険料の取扱いの例により損金の額に算入する。

［前払期間、資産計上額等の表］

区　　　分		前払期間	資産計上額
(1)定長 期保 平険準	保険期間満了の時における被保険者の年齢が70歳を超え、かつ、当該保険に加入した時における被保険者の年齢に保険期間の２倍に相当する数を加えた数が105を超えるもの	保険期間の開始の時から当該保険期間の60％に相当する期間	支払保険料の２分の１に相当する金額
②逓増 定期保 険	①保険期間満了の時における被保険者の年齢が45歳を超えるもの（②又は③に該当するものを除く。）	保険期間の開始の時から当該保険期間の60％に相当する期間	支払保険料の２分の１に相当する金額
	②保険期間満了の時における被保険者の年齢が70歳を超え、かつ、当該保険に加入した時における被保険者の年齢に保険期間の２倍に相当する数を加えた数が95を超えるもの（③に該当するものを除く。）1	同上	支払保険料の３分の２に相当する金額
	③保険期間満了の時における被保険者の年齢が80歳を超え、かつ、当該保険↓ご加入した時における被保険者の年齢に保険期間の２倍に相当する数を加えた数が120を超えるもの	同上	支払保険料の４分の３に相当する金額

(注)　前払期間に１年未満の端数がある場合には、その端数を切り捨てた期間を前払期間とする。

(2)保険期間のうち前払期間を経過した後の期間にあっては、各年の支払保険料の額を一般の定期保険の保険料の取扱いの例により損金の額に算入するとともに、(1)により資産に計上した前払金等の累積額をその期間の経過に応じ取り崩して損金の額に算入する。

(注)１　保険期間の全部又は全数年分の保険料をまとめて支払った場合には、いったんその保険料の全部を前払金として資産に計上し、その支払の対象となった期間(全保険期間分の保険料の合計額をその全保険期間を下回る一定の期間に分割して支払う場合には・その全保険期間とする・)の経過に応ずる経過期間分の保険料について・(1)又は(2)の処理を行うことに留意する。

２　養老保険等に付された長期平準定期保険等特約(特約の内容が長期平準定期保険等と同様のものをいう。)に係る保険料が主契約たる当該養老保険等に係る保険料と区分されている場合には、当該特約に係る保険料についてこの通達に定める取扱いの適用があることに留意する。

(経過的取扱い…逓増定期保険に係る改正通達の適用時期)

　この法令解釈通達による改正後の取扱いは平成20年2月28日以後の契細に係る改正後の1(2)に定める逓増定期保険(2(2)の注2の適用を受けるものを含む。)の保険料について適用し、同日前の契約に係る改正前の1(2)に定める逓増定期保険の保険料については、なお従前の例による。

〈資料2〉 平成24年4月27日課法2-5、課審5-6

法人が支払う「がん保険」（終身保障タイプ）の
保険料の取扱いについて（法令解釈通達）

標題のことについては、当面下記により取り扱うこととしたから、これによられたい。

（趣旨）

保険期間が終身である「がん保険」は、保険期間が長期にわたるものの、高齢化するにつれて高まる発生率等に対し、平準化した保険料を算出していることから、保険期間の前半において中途解約又は失効した場合には、相当多額の解約返戻金が生ずる。このため、支払保険料を単に支払の対象となる期間の経過により損金の額に算入する・ことは適当でない・そこで、その支払保険料を損金の額に算入する時期等に関する取扱いを明らかにすることとしたものである。

記

1　対象とする「がん保険」の範囲

この法令解釈通達に定める取扱いの対象とする「がん保険」の契約内容等は、以下のとおりである。

（1）契約者等,

法人が自己を契約者とし、役員又は使用人（これらの者の親族を含む。）を被保険者とする契約。ただし、役員又は部課長その他特定の使用人（これらの者の親族を含む。）のみを被保険者としており、これらの者を保険金受取人としていることによりその保険料が給与に該当する場合の契約を除く。

（2）主たる保険事故及び保険金

次に掲げる保険事故の区分に応じ、それぞれ次に掲げる保険金が支払われる契約。

保険事故	保険金
初めてがんと診断	がん診断給付金
がんによる入院	がん入院給付金
がんによる手術	がん手術給付金
がんによる死亡	がん死亡保険金

（注）　1　がん以外の原因により死亡した場合にごく小額の普通死亡保険金を支払うものを含むこととする。

　　　　2　毎年の付保利益が一定（各保険金が保険期間を通じて一定であることをいう。）である契約に限る（がん以外の原因により死亡した場合にごく小額の普通死亡保険金を支払う契約のうち、保険料払込期間が有期払込であるもので、保険料払込期間において当該普通死亡保険金の支払がなく、保険料払込期間が終了した後の期間においてごく小額の普通死亡保険金を支払うものを含む。）。

（3）保険期間

保険期間が終身である契約。

（4）保険料払込方法

保険料の払込方法が一時払、年払、半年払又は月払の契約。

（5）保険料払込期間,

保険料の払込期間が終身払込又は有期払込の契約。

（6）保険金受取人

保険金受取人が会社、役員又は使用人（これらの者の親族を含む。）の契約。

（7）払戻金

保険料は掛け捨てであり、いわゆる満期保険金はないが、保険契約の失効、告知義務違反による解除及び解約等の場合には、保険料の払込期間に応じた所定の払戻金が保険契約者に払い戻されることがある。

（注）　上記の払戻金」ま、保険期間が長期にわたるため、高齢化するにつれて高まる保険事故の発生率等に対して、平準化した保険料を算出していることにより払い戻されるものである。

2　保険料の税務上の取扱い

法人が「がん保険」に加入してその保険料を支払った場合には、次に掲げる保険料の払込期間の区分等に応じ、それぞれ次のとおり取り扱う。

（1）終身払込の場合

イ　前払期間

加入時の年齢から105歳までの期間を計算上の保険期間（以下「保険期間」という。）とし、当該保険期間開始の時から当該保険期間の50％に相当する期間（以下「前払期間」という。）を経過するまでの期間にあっては、各年の支払保険料の額のうち2分の1に相当する金額を前払金等として資産に計上し、残額については損金の額に算入する。

（注）　前払期間に1年未満の端数がある場合には、その端数を切り捨てた期間を前払期間とする。

ロ　前払期間経過後の期間

保険期間のうち前払期間を経過した後の期間にあっては、各年の支払保険料の額を損金の額に算入するとともに、次の算式により計算した金額を、イによる資産計上額の累計額（既にこのロの処理により取り崩した金額を除く。）から取り崩して損金の額に算入する。

（算式）

$$資産計上額の累計額 \times \frac{1}{105-前払期間経過年齢} \ = \ 損金算入額（年額）$$

（注）　前払期間経過年齢とは、被保険者の加入時年齢に前払期間の年数を加算した年齢をいう。

（2）　有期払込（一時払を含む。）の場合

イ　前払期間

保険期間のうち前払期間を経過するまでの期間にあっては、次に掲げる期間の区分に応じ、それぞれ次に定める処理を行う。

①保険料払込期間が終了するまでの期間

次の算式により計算した金額（以下「当期分保険料」という。）を算出し、各年の支払保険料の額のうち、当期分保険料の 2 分の 1 に相当する金額と当期分保険料を超える金額を前払金等として資産に計上し、残額については損金の額に算入する。

（算式）

$$支払保険料（年額）\times \frac{保険料払込期間}{保険期間}=当期分保険料（年額）$$

（注）　保険料払込方法が一時払の場合には、その一時払による支払保険料を上記算式の「支払保険料（年額）」とし、「保険料払込期間」を 1 として計算する。

②保険料払込期間が終了した後の期間

当期分保険料の 2 分の 1 に相当する金額を、①による資産計上額の累計額（既にこの②の処理により取り崩した金額を除く。）から取り崩して損金の額に算入する。

ロ　前払期間経過後の期間

保険期間のうち前払期間を経過した後の期間にあっては、次に掲げる期間の区分に応じ、それぞれ次に定める処理を行う。

①保険料払込期間が終了するまでの期間

各年の支払保険料の額のうち、当期分保険料を超える金額を前払金等として資産に計上し、残額については損金の額に算入する。また、次の算式により計算した金額（以下「取崩損金算入額」という。）を、イの①による資産計上額の累計額（既にこの①の処理により取り崩した金額を除く。）から取り崩して損金の額に算入する。

（算式）

$$\left[\frac{当期分保険料}{2} \times 前払期間 \right] \times \frac{1}{105-前払期間経過年齢} \ = \ 取崩損金算入額$$

②保険料払込期間が終了した後の期間

当期分保険料の金額と取崩損金算入額を、イ及びこのロの①による資産計上額の累計額（既にイの②及びこのロの処理により取り崩した金額を除く。）から取り崩して損金の額に算入する。

（3）　例外的取扱い

保険契約の解約等において払戻金のないもの（保険料払込期間が有期払込であり、保険料払込期間が終了した後の解約等においてごく小額の払戻金がある契約を含む。）である場合には、上記（ 1 ）及び（ 2 ）にかかわらず、保険料の払込の都度当該保険料を損金の額に算入する。

3　適用関係

上記 2 の取扱いは平成24年 4 月27日以後の契約に係る「がん保険」の保険料について適用する。

プロフィール

追中徳久 （おいなか　のりひさ）

税理士（東京税理士会日本橋支部所属）
日本税務会計学会法律部門委員、生命保険経営学会所属　補佐人税理士
1983年早稲田大学法学部卒業、1994年筑波大学大学院経営政策研究科企業法学専攻修了
大手生命保険会社での勤務経験を活かし、生命保険や相続・贈与について年間7,000件を超える相談業務で活躍中。

主な著書
『保険税務のプロによる相続・贈与のお悩み解決シート』（ぎょうせい）
『事業承継対策の法務と税務』（共著、日本法令）
『生命保険税務と周辺問題Q＆A』（共著、新日本保険新聞社）
『節税Q＆A』（共著、ＴＡＣ出版）

照会先：oinaka1@gmail.com

国税庁新通達から学ぶ!!
Q&A　保険販売のための税務トラブル回避事例

［増補版］

令和元年11月11日　第1刷発行
令和3年9月1日　第6刷発行（増補）

著　者　追中　徳久

発　行　株式会社 ぎょうせい

〒136-8575　東京都江東区新木場1-18-11

電話　編集　03-6892-6508

営業　03-6892-6666

フリーコール　0120-953-431

URL:https://gyosei.jp

〈検印省略〉

印刷　ぎょうせいデジタル株式会社　　　　©2019 Printed in Japan

*乱丁・落丁本は、お取り替えいたします。

*禁無断転載・複製

ISBN978-4-324-10739-3

(5108566-00-000)

〔略号：保険税務トラブル〕